这样说服就对了

何跃青◎编著

北方联合出版传媒(集团)股份有限公司
万卷出版公司

图书在版编目（CIP）数据

这样说服就对了 / 何跃青编著. -- 沈阳 ：万卷出版公司，2014.11

ISBN 978-7-5470-2712-7

Ⅰ. ①这… Ⅱ. ①何… Ⅲ. ①说服－语言艺术－通俗读物 Ⅳ. ①H019-49

中国版本图书馆 CIP 数据核字（2014）第 108699 号

这样说服就对了

责任编辑：姜艳波
出 版 者：北方联合出版传媒（集团）股份有限公司
万卷出版公司
地　　址：沈阳市和平区十一纬路29号
邮　　编：110003
联系电话：024-23284090　　010-57454988
经　　销：各地新华书店发行
印　　刷：北京世纪雨田印刷有限公司
版　　次：2014年11月第1版
印　　次：2014年11月第1次印刷
成品尺寸：170mm × 240mm
印　　张：16
字　　数：230千字
书　　号：978-7-5470-2712-7
定　　价：34.00元

前言

PREFACE

知识爆炸的信息时代，什么最难？说服他人！什么技能最珍贵？说服法！一个人的思想观念往往根深蒂固，能否在最短的时间里说服他人接受你的观点，往往成为一个人事业成功与否的关键。

不管是在哪个领域，我们都离不开与人交流、沟通。而在与别人打交道的过程中，如果懂得一定的说服技巧，那么一定会成为众人的焦点，也会为我们带来宝贵的人脉、不菲的业绩。

说服需要长篇大论吗？不，话不在多，懂得一些说服法就行！需要很长时间吗？不，几分钟就行！

要想在最短的时间里说服对方，需要学会运用一些说服法：

1. 主动接受说服法：只要主动一些，一切都会因此而变得有所不同。主动接受说服法，是成功人士的秘密武器。要想成功说服他人，必须寻找合适的机会，让对方主动接受你的建议。

2. 相似因素说服法：在态度和价值观方面越相似的人，相互间的吸引力就越强。只要对方和自己的态度相似，即使在其他方面有所欠缺，也会让对方对自己产生兴趣。

3. 反面衬托说服法：从反面说，是以事物的负面结果作为论据，将事情的反面结果告诉对方，以达到说服对方的目的。采用这种说服法，可以取得别样的说服效果。

4. 罗列理由说服法：在说服的过程中，理由是关键。理由充分，可以增加说服力。在说服的过程中，要将理由告诉给对方，而且理由越多越好，越充分越好。

5. 间接说服法：间接说服，就是说服者本人不用直接出面，借助有影响力、有说服力的第三者为自己说话，以达到说服对方的目的。要想真正说服对方，就要巧妙地利用间接说服。这样做，可以让对方不知不觉被说服。

6. 突出重点说服法：在说服过程中，突出重点理由，能够给被说服者留下深刻的印象。在说服别人的过程中，最具有说服力的方法，就是突出重点，将最关键的理由强调出来。

7. 换位思考说服法：换位思考是一个人对另一个人的心理体验过程，说服者要站在被说服者的立场思考问题，从而与对方在情感上得到沟通，为增进相互理解奠定基础。当被说服者感受到你对他的关心后，是很容易被说服的。

8. 身体语言说服法：身体语言是由人的肢体运动引起的，可以传递出各种各样的信息。巧妙地利用身体语言，可以得到别人的认可，说服别人也就水到渠成了。

……

在哪里可以学到这些说服法？翻开本书，就可以学到实用的说服课程。本书选取了大量的现实生活案例，并赋予其典型的意义，将各种实用、精妙的说服技巧展现在读者面前，让读者学会用最短的时间说服他人，从而可为演说、辩论、谈判等社交活动带来便利。

目录
CONTENTS

第一章

人生是场博弈，不会说服就输了
——掌握说服这门艺术

人际关系就是一场说服与被说服的交锋，不是你被说服就是我被说服。而掌握了说服的技巧也就等于成功了一半。高超的说服能力不是争吵，也不是逼迫，它是一门学问，更是一门艺术。

第二章

步步引导，变被动为主动

——主动接受说服法

主动是很多成功人士的秘密武器，要想获得说服的成功，就必须寻找到一个合适的机会。其实，只要主动一些，再主动一些，一切都会因此而变得有所不同。

第三章

找相同点，让对方毫无久违感
——相似因素说服法

只要对方和自己的态度相似，哪怕在其他方面有缺陷，同样也会对自己产生很大吸引力。在人与人相处的初期，空间距离的邻近性决定人与人之间的吸引，到了后期相互吸引发生了变化，彼此间的态度和价值观越相似的人，相互间的吸引力越强。

第四章

好说未必好商量，说点反话

——反面衬托说服法

在说服技巧中，有两个重要的技巧，一个是“从正面说”，一个是“从反面说”。其中，“从正面说”是以事物的正面结果作为论据；“从反面说”是以事物的负面结果作为论据。这两种方法是互相对应的，分别拥有不同的说服效果。

第五章

摆摆事实，讲讲道理

——罗列理由说服法

说服，不是压服，总需要摆事实、讲道理来进行论证。理由是指事情为什么这样做或那样做。在说服的过程中，要将其中的理由告诉对方。在说服的过程中，理由是关键。理由充分，可以增加说服力。

第六章

人人都有七情六欲，适时来点刺激

——刺激情绪说服法

情绪是身体对行为成功的可能性乃至必然性,在生理反应上的评价和体验。行为在身体动作上表现得越强就说明其情绪越强，如：喜会手舞足蹈、怒会咬牙切齿、忧会茶饭不思、悲会痛心疾首等等，就是情绪在身体动作上的反应，刺激情绪也是一种说服法。

第七章

说话太直接没朋友，拐个弯聊天

——间接说服法

要说服对方有两种方式，一种是直接说服，另一种是间接说服。任何人都不愿意被别人说服，直接说服方式容易引起客户的警惕和反感。要想真正说服对方，就要先了解对方的心理，并根据对方的心理来制定策略，通过引导让对方自己说服自己，这就是间接说服。

第八章

引导要专心，才能产生心理共鸣

——认同心理说服法

认同心理指的是个体对组织目标的认同，从而产生出来的一种心理状态。这一心理状态可产生肯定性的情感，会影响到人们对事件的评价、态度和行为。要想在思想上或行为上影响某个人或某个群体，首先要尽量取得他们心理上的认同。

第九章

长话短说，挑有用的说

——突出重点说服法

在说服过程中，突出重点理由，能够给被说服者留下深刻的印象，否则容易使人感觉面面俱到，泛泛而谈，没有什么说服力。理由是说服人的关键，也是根本，在说服别人的过程中，最具有说服力的方法，就是将重点突出出来。

第十章

站在对方的角度上，才能知道对方怎么想
——换位思考说服法

换位思考就是设身处地为他人着想，即想人所想，理解至上。换位思考是人对人的一种心理体验过程，将心比心、设身处地，是达成理解不可缺少的心理机制。它客观上要求我们将自己的内心世界，如情感体验、思维方式等与对方联系起来，站在对方的立场上体验和思考问题，从而与对方在情感上得到沟通，为增进理解奠定基础。

第十一章

说服不能硬来，有理有据才硬气

——以理服人说服法

俗话说，吃饭吃米，说话说理。学会以“理”服人，是人类文明进步的一大标志。一说到讲道理，好像每个人都清楚，个个都明白，没有什么可谈之处。不过，生活中，讲道理虽然很普遍、很普通，但其中也有一个讲艺术的问题。如果能够将“道理”重视起来，对于说服工作是有重要的意义的。

第十二章

说话不仅要动口，还要动全身

——身体语言说服法

身体语言是由人的四肢运动引起的，可以传递出许多的信息。比如，目光接触，表示愿意与人进行沟通；小心地坐在椅子边上，表示有点焦虑和紧张；紧靠坐椅、双臂交叉，表示不愿意再继续讨论下去了；在人群中脚尖朝向谁，往往暗示对谁感兴趣，等等。

◎ 第一章

人生是场博弈，不会说服就输了

——掌握说服这门艺术

人际关系就是一场说服与被说服的交锋，不是你被说服就是我被说服。而掌握了说服的技巧也就等于成功了一半。高超的说服能力不是争吵，也不是逼迫，它是一门学问，更是一门艺术。

有人的地方，就有说服

作为社会中的一员，由于工作和生活的关系，我们每天都在和形形色色的人打交道。在各种人际关系中，都会用到说服。

韩雪大学毕业后，非常希望找到一份图书公司的工作。为了找到一份合适的工作，韩雪连续在招聘网站投了数千份简历。可是，不知什么原因，接到的面试通知却很少。

一天，一家图书公司打电话来，要韩雪前去面试。韩雪像其他应聘者一样，精心打扮了一番。可是，到了那里她才知道，公司要招聘的员工年龄必须在25岁以上。

回到家里，韩雪将自己的应聘经历告诉了爸爸："招聘单位招25岁以上的人，但我只有21岁。"

爸爸听了她的叙述说："你既然这么喜欢那份工作，为什么不想办法说服人事部经理呢？如果你确实能做这份工作，能做得很好，年龄根本就不是什么问题。"

听了爸爸的话，韩雪觉得自己错过了一次机会，决定以后要多使用一些说服的手段，只要有适合自己的位置，就一定要抓住。

可是，韩雪虽然这么想，却迟迟没有行动起来。因为在她心中，始终有一个结打不开，难道找工作需要说服别人吗？

韩雪本来是想找一份自己喜欢的工作，而且似乎也很有这方面的能力，可是，就是因为用人单位年龄的限制，让她丢掉了这份工作。

韩雪之所以没有找到合适的工作，主要是因为她觉得找工作根本没必要说服他人。其实，这种认识是错误的。虽然用人单位对不同的职业岗位有不同的规定和要求，可是，如果你确实想从事这份工作，完全可以用自己的语言和行动说服别人，让自己被录用的几率增加。

其实，说服无处不在，只不过，有时候我们没有意识到罢了。

姜杰是一家首饰店的售货员。一天，一位女士打算为自己买一件首饰，在柜台前看了很久，就是决定不下来。这时候，姜杰就问她："小姐，您想要买什么？""随便看看。"这位女士的回答明显缺乏足够的热情，可她仍然在仔细观看柜台里的首饰。姜杰知道，如果这时候找不到和顾客沟通的话题，只是一味地等着让顾客开口，可能就会白白失去一笔生意。好在姜杰是个细心人。她通过观察，发现这位女士的裙装别具特色，说："您这件裙子好漂亮呀！"

"啊！"女士的视线从陈列品上移开了。"这种斜条纹的色调很少见，是在隔壁的百货大楼买的吗？"姜杰在为自己设计话题。

"当然不是！这是从外国买来的。"女士终于开口了，并对自己的回答颇为得意。"是这样呀！我说怎么在国内从来都没有看到过这种款式的裙装呢。说真的，您穿这套裙装，确实很漂亮。"姜杰恭维道。"您过奖了。"听了姜杰的话，女士有些不好意思了。

"只是……对了，要是再配一条合适的项链，效果可能就更好了。"聪明的姜杰终于转向了主题。

"是呀，我也这么想，只是对这种昂贵的商品，我怕自己选得不合适。"女士说出了自己的困惑。"没关系，来，我为您参谋一下。"姜杰微笑着对女士说。最后，这位女士在姜杰的首饰店购买了一条自己满意的项链。

不管是哪个行业、哪个领域，为了说服顾客购买自己的商品，都需要一定的说服技巧。顾客虽然是上帝，可是，往往对自己要购买的商品并不会十分了解。这时候，就需要销售人员给做一个详细的引导和解释了。但是，引导的时候却不能盲目，这时候，一定的技巧还是要有的。

王宇的单位离家有20里路，每天骑着电动车上下班，路上很脏，刮风下雨更是麻烦。所以，他决定买一辆车。王宇知道，妻子是个“守财奴”，最舍不得花钱了，如果让她拿出这么大的一笔钱，用来买车，她一定不会乐意的。王宇决定找到机会再说。

一个星期之后，妻子的公司组织员工去郊区摘草莓，要求自备车辆。王宇知道机会来了。王宇很喜欢吃草莓，尤其是那种新鲜的刚摘下来的。于是，便让妻子带自己一起去。反正公司没有规定说不让带家属，妻子也就答应了。因为没有私家车，王宇只好和妻子坐公交车去。第二天的早上，为了赶上公交车，他们两人起了个大早，可是，不知怎么的，在车站等了很久车都没来。为了在规定的时间到达，妻子只好打了一辆的士。可是，走了一半路之后，妻子看到了公交站牌，让司机停了车。剩下的路，打算乘公交车去，这样可以省下一些钱。王宇没说什么，只是笑笑。

这趟车来得很快。可是，上车之后，他们才发现，接下来的第二站、第三站上了很多人。原来，这是一趟郊区专线，只有这一辆车通往产草莓的地方。因为是星期天，很多人都来摘草莓。车厢里的人越来越多，妻子被挤得都喘不过气来了。

下车之后，妻子一个劲儿地说：“以后再也不坐公交车了！”听了妻子的话，王宇照旧摆出一副老样子，突然，他大叫一声。妻子以为发生了什么事情，抬头看了他一眼。

“好漂亮的车展啊！”原来，今天来摘草莓的，很多人都是开着私家车来的。人多，车也就多。“要是咱们有一辆属于自己的车，该多好啊，就不用这样挤来挤去了。”王宇故意说。

回到家里，妻子主动和王宇说，打算买一辆便宜些的车，方便家人的使用。王宇当然高兴了。

家庭生活，也就是锅碗瓢盆进行曲。作为夫妻，大事小事都要商量。如果一方想买某件东西，势必要和另一方商量。可为了说服对方，让对方同意自己的想法，也是需要一定的方法技巧的。

心理学家埃莉诺·西格尔说过：“人生无处不在说服……在人类社会中，几乎所有的社会交往——一些非人类的灵长类动物之间亦是如此——都含有说服的意味在里面。”大量的事实证明，不管是联横合纵的国际外交，还是唇枪舌剑的商业谈判；不管是琐碎繁杂的公司事务，还是针头线脑的日常生活，都可以发现使用说服术的影子。说服无处不在，说服无时不用。

人人都要会说服

生活中，我们经常会面对分歧，经常会遇到与自己想法不同的人。这里就有这样一则笑话：

夫妇两人带着孩子去医院看眼科医生。丈夫伸头一看，拉起妻子就走。妻子感到莫名其妙，忙问丈夫："怎么回事？"

丈夫跟妻子解释说："你没看见医生自己也带着近视眼镜吗？你想想，如果他真有本事，怎么不先把自己治好？"

这时候，妻子说："你懂什么！就因为他自己是近视眼，才有经验。"

虽然这只是一则笑话小片段，可是，相信类似的生活场景一定在你的日常生活中出现过。

在生物界中，没有两片树叶是完全相同的，同样的道理，在生活与工作中，也很难找到想法完全一样的两个人。面对同一件事情，人们之所以会选择不同的方向、意见，主要在于认识上的不同。

虽然说分歧、对立会让人们的关系变得紧张起来。但是，如果你希望别人认真对待怀有不同意见的你，那你首先就应该去认真对待持有不同意见的其他人。在一个人的一生中，如果拥有强有力的说服力，不仅会获得更多的机遇，而且，还可以给自己带来巨大的自信和豪气。

在人生的每个阶段，我们都不可避免地会遇到说服别人的情况，如果你是一位公司的高管，那你就需要说服自己的部下，接受自己的思想和观念，努力为自己工作；如果想让朋友接受自己的意见，就要说服他，让他心服口服；如果想让自己的另一半做你希望他去做的事情，也要学会使用说服。

工作中，不管是新战略的推广，还是新方法的引入，都存在着大量的不一致的观点、不同的理念，即所谓仁者见仁、智者见智，这些的“不一样”或早或晚地都会演变成一场场激烈辩论，有时候，甚至还会发展成冲突。这时候，使用说服就显得尤为重要了。

在互联网刚开始兴起的时候，微软的很多领导者都不理解，他们认为这项技术根本就“不挣钱”，所以也就不乐意在这上面花太多的精力。

但是，几位技术人员却看好了互联网的发展势头。为了说服自己的上司支持他们“开放式交流”的权利，他们不断地提出自己的意见和建议。

很快，他们的声音便传达到了比尔·盖茨的耳朵里。比尔接受了他们的意见，改变了公司的方向，彻底支持互联网业务。

其实，面对不同的意见，进行充分的沟通是最重要的。这样不仅会避免不理智的结果，而且还能够收获更多有建设性的观念，从而产生正面的结果。

巧妙利用说服力也是一个解决人际矛盾的良方。当你不同意他人的观点，或者不能接受别人的看法的时候，最好不要站起来和别人针锋相对地争论。面对那些和自己存在分歧的人，要学会耐心说服。否则，不但不能解决任何问题，反而会伤了彼此之间的和气，严重的还会破坏彼此之间的关系。

老顾家有一片竹园，这是父亲留给他们兄弟俩的。后来，哥哥将自己的房子进行了翻修，可是，之后，两家却因竹园的归属问题产生了矛盾，打起了“口水仗”。

这起本属于家庭内部解决的矛盾，一直拖着。一天，午饭后，村民们突然听到老顾家后院传来几声“救命”声。

村民们闻声赶了过去，只见顾家兄弟俩正扭打在一起。两个人不停地相互抓打，血流满面，痛苦地叫嚷着。

众人见状，连忙打电话报了警。结果，哥哥本来患有冠状动脉硬化，因外伤、情绪激动等原因诱发冠心病发作死亡。

兄弟之间，因为一点家庭琐事，双方竟“交战”了十几年，最终，酿出了一死一伤的惨剧。如果当初两家不去计较琐碎的小事，如果大家都能心平气和地坐下来谈谈，用恰当的方法说服对方，那么，这些争吵或许会转化成相逢一笑泯恩仇。

今天，我们正处在一个经济发达的社会中，在这里，充满了各种各样的自由竞争，沟通似乎成了家常便饭，充斥着社会的每一个角落。为了生活，人们都将自己的才能发挥到了极致。

夏利大学毕业后，进入一家房地产公司工作。她很快发现，虽然说合同上写的是每天工作8小时，可是实际上，这里的员工每天工作时间都是12个小时，而且还是无偿劳动，员工都怨声载道。可是，面对金融危机的影响，大家都不敢随意提出辞职。

私下里，夏利向同事们了解，同事们说：“12小时制度已经实行很长时间了，很多人都提过意见要求改变，但老板就是不同意。虽然同事们不喜欢但也只能如此。”

夏利说：“我想建议老板改成8小时。”同事听说了，劝她说：“不要提了，提了也白提，只会让老板对你的印象不好。”

夏利知道想让别人放弃既得利益是不太可能的，但让别人接受另一样更有好处的方法却很容易。

私下里，夏利向同事们了解：如果8小时内完成工作就可以下班，他们能不能做到？答案是：可以。是否愿意努力在8小时内完成现在的工作？大家表示都很愿意。

夏利通过观察，发现在8小时内，如果努力一点，是完全可以完成现在的工作的。就是说，如果将12小时改成8小时，但工作量不减少，同事们都很乐意接受。

一个月之后，夏利敲响了老板办公室的门，她给老板罗列出了将12小时改成 8 小时的好处：

1. 工作量是一样的，老板没任何损失。

2. 减少 4 小时上班时间，节约水费、电费、管理费……

3. 改善公司形象，更容易吸引和留住优秀员工。

4. 员工工作效率提高，工作气氛会更好。

5. 合法合理，避免了法律风险。

将 12 小时改成 8 小时，对老板没有任何的损失，反而会节约不少钱，而且还会赚取名声，有百利无一害，老板回去想了几天，接受了。同事们都非常高兴，经过这事，老板和同事们对夏利这位新人的看法直线上升。

缩减工作时间，是老板不愿意的举措，之前，许多人努力过都没做成。夏利提出的意见，不仅对老板有利，而其还给同事带来了实惠。同样，如果想让别人接受自己的观点，就要挖掘对对方有好处的东西，让他知道接受你的观点对他是有好处的，就很容易了。

其实，一个人才干、能力的大小，很多时候都体现在说服力上，可以说，通过一个人的说服水平可以看出这个人的学识、修养和能力。当今社会是一个信息的社会，在咨询盛行的热议中，为了满足自身的需要，这种能力更是不可缺少。

说服不是瞎侃臭贫乱忽悠，而是一门艺术

说服是一门学问，也是一门艺术。说服可以引导一个人的心灵逾越无知，避开错误的消息，离开误解之地，抵达正确的目的地。真正的说服能使另一个人理解你所说的话、体会你的感受、相信你的动因，按照你的想法去做对他真正有利的事。

如果你不能说服别人，并不是因为你的观点不好，而是因为你不太善于运用说服的艺术。也许你有很好的建议，但是如果你无法有效地向别人传达这些信息，那么再好的东西也没有价值。

肖小军、李克城是门对门的两家邻居，住在20世纪七八十年代的老式楼房里。由于该楼设计不甚合理，两家因为排气、排油烟引发出了一些小矛盾。

一次争执中，李克城将肖小军的妻子打成了重伤。由此，李克城被法院以故意伤害罪判刑8年。李克城服刑后，下岗在家的妻子独自带着6岁女儿艰难生活。半年后，妻子丢下女儿改嫁了。

事情发生之后，肖小军越想越后悔。因为李克城是个孤儿，其女儿无人抚养，一个人孤苦伶仃。肖小军不禁心生怜悯之情，便向居委会提出，由自家来抚养小女孩。

“你有病啊？李克城差点要了我的命，你倒好，还要帮他带孩子！”见到丈夫将仇人的女儿领回家，肖小军的妻子十分恼火。

“我知道，这件事对你伤害是很大的，可是，李克城现在妻离子散，也算是一报还一报了。”肖小军苦苦劝说，“两家如果这么闹下去，仇恨就会越结

越深。我认为，我们夫妻两个来抚养他的女儿，一定能化解两家的仇恨……”

经过丈夫苦口婆心地劝说，肖小军妻子终于勉强同意了。为了不影响李克城在狱中接受改造，肖小军还请求有关部门，不要将李克城妻子改嫁他人之事告诉李克城。

此后8年，李克城女儿在肖家的抚养下，从幼儿园、小学一直读到了初中。其间，肖小军还多次让李克城女儿给父亲写信，要他好好改造。

8年之后，李克城出狱，他十分感激肖小军一家对女儿的照顾，从此，两家人成了朋友……

说服他人是成功的基石。如果没有肖小军对妻子的劝说，也就没有他和仇人结为好友的结果，也许两家人会一直仇恨下去，冤冤相报。

职场中的人，绝大多数都听到过这样的说法：老板不接受员工的建议、经理不接受员工的推荐、上司对下属不信任……那么，如何才能让领导接受自己的要求或建议呢？

招聘会上，某市的公安局研究所正在招聘，桌子周围围满了新毕业的大学生。一个年轻的女孩子递给面试官一份简历。女孩子一直以来都想当一名刑警！

看了这份简历，面试官抬头看看她：“你的胆子大吗？”

“大得很！”女孩子回答说。

“我们这次招人，主要是从事刑事检验工作。不招女的！”

“为什么？”

“因为，工作人员必须到案发现场，女孩子都害怕看到血淋淋的场面，怎么能参与这样的工作？”

女孩子听了这样的话，毫不含糊地说：“我胆子大着呢！让我抬死人都可以！”

“你这是说大话！这种工作，一旦干起来，就没白天没黑夜的，你们家里人也不会同意的！”

“看你说的！我打工期间，就在晚上给别人开过车！”说着，女孩子便将自己的驾驶证掏了出来。几天之后，这个女孩子便接到了录取通知。招聘人员的理由是：这么泼辣的女孩子，做起事来，也许比男孩子还要能干！

女孩子就靠着自己的说服艺术，让招聘官相中了自己，实现了自己的刑警梦。说服是开启通往他人理智和情感之门的钥匙，但真正的说服绝不会是谎言，而是一种艺术，它能够使你去达成与别人有关的美好事情。

如果你是一位房地产经纪人，想说服一对年轻的夫妻买下一套他们想要的房子，其费用是他们能轻松负担的，同时你也得知它是全城最合算的一笔买卖。这时，你可以用恰当的方式把这一信息公布出去，主动接触他们，帮助他们了解这笔划算的交易，以及使他们接受这笔交易的合理性和有利点，最后达成交易。

一个人的魅力是和他的说服能力息息相关的，一位卓越睿智的商界精英、一个威力无穷的政府领导、一位儒雅的学者，都会在他的公众表达上有不同凡响之处。说服力的伟大之处在于让别人信服你的观点，并钦佩你的魅力。

舌绽莲花的说服力，令你事半功倍

2008年，全球金融危机爆发后，21岁的玛丽开始了自己的求职之路。可是，她虽然投了很多的简历，却都被拒之门外。最后，她终于找到了一份工作——珠宝公司的售货员。

玛丽十分珍惜这份来之不易的工作，每天都尽职尽责地工作。一天晚上，在下班之前，一位衣衫褴褛的中年男子出现在了玛丽的柜台前。这个人大约有30多岁，穿着一身破旧的衣服，眼睛里露出了贪婪目光，紧紧地盯着柜台里面的各种高级首饰。

玛丽知道，这种身份的人来这里，一般情况下都只是转转，不可能是真正的买家，也就没有太在意。

这时候，玛丽的手机响了。由于急着接电话，玛丽不小心将一个放有戒指的盘子碰到了地上。

玛丽一边打电话，一边急忙蹲下身子捡起来，可是，找来找去，只找到其中的三枚，第四枚怎么都找不到了。

玛丽抬起头来。这时候，她发现那个成年男子正向门口走去，突然，她想到了什么。当这中年男子正要抓着门把手的时候，玛丽柔声地对他说："对不起，先生！我找您有点事情。"

中年男子转过身来，和玛丽对视了良久。男子终于说："有什么事吗？"

"先生，这是我的第一份工作，您知道，现在找份工作实在很难……"玛丽神情黯然地说着。

中年男子看了玛丽几分钟，终于在脸上浮现出了柔和的微笑。他回答说：

"是的，确实是这样！"说完，便将自己的手伸给了玛丽。

玛丽目送着他走出门外，接着，低头看了看握在手中的第四枚戒指！

看到有人偷了自己的珠宝，玛丽没有像一般人那样，选择报警，而是用自己友善的语言，说出了自己的难处。中年男子因此而受到尊重，便将偷窃的第四枚戒指主动交了出来。无独有偶，这样的故事，每时每刻都在发生着。

张先生的女儿在国外攻读 MBA，妻子非常想念，两人便决定出国去看望女儿。一个星期之后，他们便登上了一家国际航班。

起飞后，空姐开始为乘客送饮料和点心，张先生和妻子每人要了一份可乐。接着，空姐便走到了后面的座位上。

"一杯可乐。"听到后面的乘客和自己要的饮料一样，妻子扭头看了看。后面坐着一位漂亮的金发女郎。

饮料很快便被送来了。可是，没等饮料下肚，妻子便听到了后面传来的声音。金发女郎大叫着："这饮料有问题！"

乘客纷纷将目光投向了这里。空姐过来一探究竟，可是，这时候，金发女郎居然将满瓶的饮料都泼到了空姐的身上。

空姐强忍着愤怒，最后，还是温和地说："小姐，你说的对，这饮料就是有问题！可是，这种饮料确实是贵国的原装产品。我非常愿意将这瓶饮料连同您的芳名一起寄给这家公司，我想他们一定会给您道歉的！"

金发女郎一听，一句话都说不出来了。因为，她知道，如果这件事情闹大了，说不定回国之后，这家公司就会以诋毁名誉罪将她告上法庭。

沉默了几分钟之后，金发女郎只好给空姐道了歉。

见到女儿之后，张先生提起了这件发生在飞机上的小插曲，女儿听了之后，说："如果是我，肯定不会像空姐那样耐心！"

面对金发女郎的刁难，空姐用自己得体的语言，有力地点到了对方的软肋，实现了成功说服。

美国人类行为科学研究者汤姆士指出：“说话的能力是成名的捷径，它能使人显赫，鹤立鸡群。能言善辩的人，往往使人尊敬、受人爱戴、得人拥护。它使一个人的才学充分拓展，熠熠生辉，事半功倍，业绩卓著。”他甚至断言：“发生在成功人物身上的奇迹，一半是由说服力创造的。”

贝蒂是一位跨国酒店驻中国的外方经理，一天，在检查酒店的客房时，她发现了一个严重的问题——茶几上的茶杯朝向摆错了。按照酒店的要求，茶杯的正确摆向应该是朝向门口，这样，客人只要一进门，就可以看到酒店的名字。可是，现在，酒店的名字却看不见了。

贝蒂非常生气，急忙召集服务员开会，当众批评了服务员的错误，说她粗心大意、不负责任。这名服务员看到贝蒂让自己很没面子，便和贝蒂顶撞起来。

这件事情发生之后，贝蒂找到了中方经理，通过沟通，她才知道，原来，外国人比较讲究规则，而中国人比较看重面子。

第二天，贝蒂找到了那名服务员，向她道了歉，和她进行了有效的沟通。当她再次出现在那个房间的时候，茶杯的位置摆正了。从那以后，这名服务员从来都没有犯相同的错误。

知识就是财富，口才就是资本。说服力关系着一个人事业的成败，它是一个人胜任本职工作最重要的条件之一。能说会道，才能正确地领悟上级的意图，才能将自己的意见恰当地表达出来；同样，懂得一定的说服技巧，才能让自己对别人产生影响，将自己的最大作用发挥出来。

戈登·里斯是英国首相撒切尔夫人的顾问，他不仅为撒切尔夫人撰写了很多深得人心的演讲稿，还有效地提高了撒切尔夫人的演说能力和应答记者提问的能力；更主要的是，经过多年的努力，他为英国公众塑造了一位风姿绰约、谈吐优雅和待人亲切自然的女首相形象。英国王室和政界对政治家的说服力是非常重视的。基于这些功绩，在 1983 年的元旦，英国女王给戈登·里斯授以了爵位。

敢于讲话，善于说服别人是成功的催化剂，它直接关系着事业的成功。在富兰克林的自传中，有这样一段话："说话和事业的进步有很大关系，如果你出言不慎，或是容易与人争辩，那么，你将很难获得别人的同情、别人的合作和别人的动力。"事实证明这是千真万确的。

现在，很多公司都将具有说服力作为衡量优秀人才的重要标准。企业在进行人才招聘的时候，都要进行相应的口试。在日本，一些大公司在进行人才面试的时候，还专门就说话能力做了若干规定，据说，出现下面这些情形的，都不予录取：

应聘人员说话的声音低；

应聘人员说话的时候，语言平实，枯燥无味；

说话抓不住重点，不得要领；

回答问题的时候，拖拖拉拉，不利落；

说话颠三倒四、不知所云……

很多人事业的发展和成功，经常都是通过一次次的谈话获得效果的。大量经验告诉我们，学会使用说服，成功便指日可待了。

灵活处理语言，别一板一眼

曾有这样一则笑话：

某市要召开处级以上的干部大会，有位叫小刘的秘书参与会务工作。小刘认为这是结识各方权势的良机，不可错过，于是，便早早地来到会场的入口处。

这时，王局长乘专车驾到，小刘上前打开车门："风光、风光，咱全市就这一部，多让人羡慕啊！"

高局长是坐出租车来的，小刘觉得疑惑，随即说："潇洒、潇洒！一招手就成，不用麻烦局里的司机，还来去自由。"

赵局长比较年轻，骑辆自行车就来了。停好车，上完锁，小刘便跑到跟前："廉政、廉政，都像您这样，老百姓还有啥抱怨的。"

孙局长住得不远，走着来的。小刘迎上去："时尚、时尚！现在好多富贵病都是缺少运动，坐车坐的！"

这时，在一边观看多时的钱局长见小刘这般巧舌如簧，打趣问："我是爬着来的，怎么说？"

小刘立即竖起大拇指："哎呀，这么些人，就您…稳当、稳当！"

这虽然是个笑话，却能引起我们必要的思考。

现今的社会，各方面都需要沟通和交流，而语言就是人与人之间交流思想、沟通感情最直接、最方便的途径。只有通过出色的语言表达，才可以使相互熟识的人之间产生浓厚的情意，爱之更深；使陌生的人产生好感，结成友谊；使意见分歧的人互相理解，消除双方的矛盾。

置身在各种复杂的社交场合中，要想把话说得婉转动人，有理有趣，引人入胜，就需要充分并巧妙运用语言技巧。在与客户交往中，要使气氛活跃，语言幽默风趣，就要灵活运用充满智慧与技巧的话语，才能让客户听后心情愉悦，才能在与客户的交往中处处受人欢迎。

说话是最基本的表达方式。每个人要把事情做好，要把客户的关系协调好，就不得不说话。一个职业人士，做到能说会道绝不容易，它需要技巧。只有掌握技巧，才能成为交际场上的大赢家。在与客户的交流中要做到：侃侃而谈，使听者为之动容；能言善辩，使听者为之折服；幽默风趣，使听者赏心悦目。

付凯大学毕业参加工作后，资助两个弟弟念完了大学，因此，在物质方面还是一贫如洗，甚至可以说是四壁皆空。但最后，他终于鼓起勇气向一个在他看来堪称完美的女孩表白。

之后，女孩镇静地问付凯："你有什么优点值得我嫁给你？"

付凯说："我最大的优点是幽默，它能让你一生快乐。尽管可能并不富有，年轻的外表也有衰老的一天，但快乐会一直相伴。我是那种地震了爬出来马上盖房子的人，乐观和积极会给你踏实的感觉！"

后来，这个女孩就成了付凯的老婆。

幽默，是一种智慧的象征，是一种豁达乐观的人生态度，可以让你的人格魅力尽情挥洒，变得更加充满魅力。

生意场上，生意人不仅需要智慧，还应有涵养和风度，而且必须具备"说"的技巧。在与客户谈判过程中，遇到利益问题时，很容易陷入僵局。作为一名精明的说服者应该努力保持镇定，灵活处理自己的语言，设法缓和洽谈气氛。这时，"能说会道"就会派上用场，它可以活跃现场气氛，改变客户的观点，创造机会，使你满意而归。

说话，是一门学问。不仅是因为语言是思维的载体，而且说话的艺术变化万端。一言兴邦、一言误国是因国运系之；巧舌邀宠、祸从口出实与个人命运攸关。会说话能"扶我上青云"；不会说，能引出千般烦恼，甚至使人身陷囹圄，殃及九族。

说话是生活中必不可少的事。试想，如果没人会说话，社会将变成一个怎样沉闷的环境。正因为有了语言，世界才变得生气勃勃。因此，说话既是一件简易的事又是一件难事。说它容易是因为除了哑巴之外连牙牙学语的婴儿都会说话；说它难，是因为有时一句话能感人肺腑，有时几个字就大伤人心。

比如，某人喜欢钓鱼，虽然你自己不喜欢，也不打算跟着去钓，但仍旧可以说“钓鱼好哇，既健身又养生”，别人听了高兴，至于你去不去，他并不在乎。如果你说“真是呆得不耐烦了，钓什么鱼啊”，别人肯定会生气地说：“你不喜欢的别人就不该喜欢吗？真是的！”前者是顺情说好话，后者是逆情说坏话；前者是与人为善会说话，后者是“以自我为中心”不会说话。

在说话时，我们要认清对方，考虑别人的感受，坦白率直，细心谨慎。平常谈话，每次时间不可太长，说话的时候不可唯我独尊。因为我们说话的目的在于说明一些事情，使人发生兴趣。因此，要清晰、明白！信口开河、放连珠炮，都是不好的说话方式。

一天，某电视台到一所学校进行采访，正好碰上学生在做课间操。那一天阳光明媚，万里晴空。整齐优美的健美操深深地打动了记者。于是，他打开摄像镜头，录下了那精彩的画面。

在体操做完后，记者决定现场采访一位学生，让学生谈谈为什么做得这么好。出乎意料的是，被采访的几位同学面对着镜头，不是扭扭捏捏、结结巴巴，就是语无伦次，不知所云。结果在播放的时候，记者只好剪掉了这个镜头。

为此，校长深有感触，觉得学校一味地重视书本知识的死记硬背，却严重忽略了学生口头表达能力的训练，这样必定不会使学生得到更大进步。

从上面这个小小的事例中，我们明白，在日常生活中，我们常常会遇到有即席发言的机会。这时，如果你是一位不善辞令、善言谈的“老手”，这是不成问题的。但如果你是一位不善辞令、害怕在众人面前讲话的“新手”，那也不必紧张、回避，你应该敢于拿出自己的全部热情和胆量，针对不同场合、对象说出能完全表达自己思想、意见或真情实感的精彩语言来。

会“说”的人应该是不惹人厌烦的人。初次与客户见面，言词温婉得体，说话幽默风趣，能够运用特有的柔韧让对方信任，并建立深厚的情谊，最后定会因善解人意与客户合作成功。

总而言之，说话的技巧很重要，只有说话得体，稳重委婉，才能成为一个“能说会道”的人，才能游刃有余地在说服工作中取得成功。

说服不是争吵，以理才能服人

说服不是争论，更不是吵架。当有人和我们的意见不一样，我们打算说服他的时候，千万不要将对方看成是“对手”，与之兵刃相见；而应该将对方看成是平等的伙伴，将那些对他有利的原因告诉他，让他在最短的时间里理解认同。

2009 年的年底，李俊和妻子在北京买了一套两居室，打算过了年之后进行装修。新年一过，两人就忙开了。

为了给家里节省点钱，李俊决定在内卫放个泡浴木桶，这样，不泡浴的时候就可以淋浴了；考虑到夏天基本不用木桶，所以他想装个挡水条。

这样，李俊就利用周末买了大理石挡水条回来。结果，老婆一看到大理石挡水条，就说：“挡水条这么难看的东西你也用，地面无端多了一条凸起的东西很难看的。”

为了说服李俊将挡水条退回去，老婆还和李俊吵了一架。两人各讲各的理由，就是不服气。

说服不是斗争性、对抗性的，妻子打算说服李俊不装挡水条，可是，最终却演变成了一场争吵！虽然说夫妻吵架是家常便饭。可是，大量的调查结果显示，发泄心中不快，对夫妻的健康指数有着很大的影响，甚至可导致死亡。

如果你和说服的对方很熟悉，那么，就应该根据自己了解的情况，讲出自己认为正确的道理。要将事实照实讲出来，给对方做一个参考。如果一味地争吵，就失掉了说服的意义。

杰克是北京一家公司的商务部经理，在这里已经工作了三年了。虽然说自己没有给公司带来什么丰厚的利润，可是，在工作上，也可以算得上是兢兢业业。看着时间过去了，可是，自己的薪资没有上涨，杰克决定和老板谈谈，给自己加薪。

杰克来到了老板的办公室，可是，加薪的愿望不但没有实现，反而被老板将了一军。原来，对于公司来说，杰克所在的部门是成本的中心，公司正在决定是否要撤销这个部门。

听了老板的决定，杰克火冒三丈，劈头盖脸就和老板吵了起来，企图以强有力的“高嗓门”战胜老板，逼其为自己加薪，同时，保留住自己的部门。

可是，杰克不但没能为自己挣得利益，反而还招来了一群的看客。一时间，公司内部都知道了这件事情，同时也知道了，商务部门将被撤销！

杰克的加薪要求成了这件事情的导火线，结果，一个星期之后，这个部门便被撤销了。

杰克本来是想让老板给自己加薪的，为公司工作了几年，提出这样的要求也无可厚非，可是，他居然和老板吵了起来，结果导致自己希望的破灭，更主要的是带来了更重要的负面影响——部门被撤销！这是他所没有想到的，如果事先知道会是这样的结果，杰克或许会对自己的举止行为有所收敛。

上下级之间，并不是绝对服从的不平等关系。当员工和老板的意见产生分歧，或者认为遭遇了不公平待遇的时候，可以适当地通过“说服”来表达出自身强烈的主张或是不满。但是在言辞上要注意分寸，千万不能吵架。

说服是平和的，即使是在彼此之间发生了争吵，取胜的一方也要和“失败”的一方和平相处。如果沟通的双方彼此都熟悉，你对他们的脾气、身世、人格、作风比较清楚的时候，那么，最好投其所好，千万不要与其硬碰硬。

美国著名的科学家、政治家本杰明·富兰克林说过：“如果你老是争辩、反驳，也许偶尔能获胜，但那是空洞的获胜，因为你永远得不到对方的好感。”如果你的意见确实正确，事实最终会证明这一点；如果你的意见是错误的，你却强加给他人，那你的坚持就成了一种罪过。

年轻时候的富兰克林便显示出了超人的才华，可是，他经常会为了一个小小的问题而和身边的人发生争吵。

由于这些无礼的争论，致使他的朋友也不得不尽力反击。可是，由于富兰克林学识渊博，所以，每次都是富兰克林占得上风。渐渐地，有些朋友觉得自己和富兰克林之间已经无话可说了；有些朋友甚至认为，如果富兰克林不在身边，他们会更快活自在。

一天，一个朋友对他说："富兰克林，你简直是太不可救药了！"朋友的这句话给富兰克林敲响了警钟，从此之后，他便给自己立下了规则：不能直接反对并伤害别人，也不过于强调自己的意见；如果有人提出某些主张，他认为是错的，也不能粗鲁地与他们争辩。

结果，富兰克林的情况出现了奇迹般的转变。他发现，这种转变给自己带来了大量的好处。和别人进行交谈的时候，不仅气氛显得愉快了；而且，由于他采取了一种比较谦和的态度，也不会发生争吵了。

就这样，富兰克林走上了一条成功之路，越来越多的人开始承认他的智慧，他的思想影响了几代的美国人，成了一代历史伟人。

不考虑到对方的感受而盲目投入争论的人，是不可能达到真正说服他人的目的的。在社交场合，不管你的知识多么丰富、学历多么高，都不要借此来压倒别人，使人难堪。在别人愿意听你的意见的时候，你可以把你所知道的讲出来，给别人作参考。如果自己熟悉的朋友，在社交场合说了一些不得体的话，或是发表了很不正确的意见，那么，就要设法替他"解围"。但事后，可以单独地向他解释，指出他的错误。

总之，人与人见了面，总不免要说话，也就不免会听到不同的意见。对此采取什么态度，应该根据当时情形，好好地加以考虑，千万不要将说服变成争吵。

◎ 第二章

步步引导，变被动为主动

——主动接受说服法

主动是很多成功人士的秘密武器，要想获得说服的成功，就必须寻找到一个合适的机会。其实，只要主动一些，再主动一些，一切都会因此而变得有所不同。

慢慢引导，让对方说出你想要的结果

和别人的思想比较起来，绝大多数的人都会更加信任自己领悟的思想，贯彻起来也会更加用心，更会全力以赴。如果有人能够来向某个人询问、请教，那这个人一定会非常高兴，非常愿意效劳的。

没有哪个人喜欢在别人的强迫下做事！不管是在生活中，还是在工作中，每个人都希望自己的所有行为都是出于自愿的。硬塞进我们脑袋的想法，总是不能让人心服！

2009年，李先生被猎头公司选中，跳槽进入到了另一家新公司，负责销售工作。上班之后的第一天，他便发现了一个严重的问题：销售部门的成员虽然比较多，可大多数都自由散漫、没有斗志。

为了在最短的时间里，做出可喜的业绩，李先生决定对自己的部门进行整顿——改变这些员工的工作态度，可是，李先生又不想强迫其他人接受自己的意见，便想了一个好办法。他决定用一套与众不同的说服方法来进行说服，那就是让自己的部下主动得出自己想要的结论。

一个星期之后，李先生组织部门成员召开了第一次全组会议，李先生鼓励大家说："你们希望能够从我的身上看到哪些东西？"听了李先生的问话，大家便窃窃私语起来。

李先生说："我会把你们的要求全部展现给你们。现在，请你们告诉我，我能从你们那儿得到些什么？"

几个胆大的说出了自己的认识。对于他们的这些认识，李先生并没有做个人的评判，而是将每个人的想法都一一写在了黑板上。很快，一块小黑板便写满了：忠实、诚恳、团结、勤奋，每天热情地工作8小时，积极加班……

李先生说："谢谢大家对我的信任，黑板上的这些词条都是值得肯定的！虽然这是你们对我的希望，但是，我也通过这些词条看到了未来的你们！相信你们一定都能做得很优秀、取得不错的业绩！"

李先生召开的这次会议，振奋了大家的士气，在群情振奋、信心百倍的气氛中，会议获得了圆满的成功。从此以后，一切都按照李先生所希望的进行着，他的属下们再也没让他失望过，没过多长时间便做出了可喜的成绩，李先生也因此受到了公司的嘉奖。

李先生为了实现自己对员工的成功说服，认真地询问了下属的愿望。李先生通过自己的沟通技巧，将自己的部下引导到了一个自觉的状态，让他们自己说服自己，最终形成了一个大家一致认同的规范。只要李先生遵守他的诺言，严格要求自己，他的下属们也会遵守自己的承诺，出色完成任务。

虽然普通的员工只是一些小人物，但决不能因此就说，"让别人自己得出自己想要的结论"只适合于用在普通人身上。同样，在和一些大人物说话的时候，在和一些重要人物讨论问题、沟通思想的时候，我们更应该注意到他们微妙的心理变化。

一次，一个重要职务出现了空缺，罗斯福邀请议员为自己推荐一位人选。刚开始的时候，这些人为他举荐了一个人。

罗斯福听取了这些人的建议后，告诉他们："这是一个很差劲的党棍。任命这样一个人，是很难服众的！你们再帮我想想。"

然后，议员们又把另外一个党棍的名字提供给了罗斯福。这是一个老公务员，到了这把年纪，他对成绩的追求少了一点，更多的希望是自己能够一切平安，能够安享晚年。

罗斯福就告诉他们："这个人是不能服众的，他无法达到大众的期望。你们再想想，看看是否能找到一个很适合这个位置的人选。"

于是，议员们又给罗斯福推荐了第三个人选。虽然，第三个人选比前两个强了很多，但罗斯福还是觉得不太合格。

“谢谢，请再帮我推荐一位！”于是，议员们绞尽脑汁，有了第四个人选。终于，最终的人选决定了！

罗斯福对议员们给予的协助表示了感谢，他把这项任命的功劳归之于议员们，他告诉他们：“真是太谢谢你们了！我这样做，就是为了能使你们感到高兴！现在，轮到你们来使我高兴了。”

事实表明，这些议员们用自己的实际行动让罗斯福高兴了。接下来，他们对罗斯福提出的“文职法案”和“特别税法案”这两个全面性的改革方案，表示了全力的支持。

在罗斯福任命一个重要人选时，他让自己的议员们给自己推荐人选，这样的一种决策行为，就会让那些州议员们觉得，那是他们大家一起选出来的适当人选，完全是他们自己的主意，而不是罗斯福一个人的主意。正因为如此，罗斯福获得了议员们的大力支持。

罗斯福深知置身低下的妙用，在很多时候，他没有自以为是，没有一个人说了算，而是尽可能地向他人请教，积极吸取他们的建议。通过自己的这种说服方法，让议员们接受了令他们十分不高兴的改革。在罗斯福当纽约市长的时候，做出了很多了不起的政绩，这些成绩的取得都和巧妙地采用这种说服方法分不开。

所以说，在说服的过程中，如果能给对方提出一些合理的建议，让别人自己去得出结论，不但可以让你避免出现将自己的思想硬塞到别人脑袋里的情形，还可以得到更好的效果。

会说的不如会问的，疑问句更易征服对方

在说服别人的过程中，疑问句会发挥出重要作用。说服，总是在一“说”一“应”中产生的，有些疑问本身就具有非凡的说服力量。

招生场景一

李娜是北京一所学校的大学生，暑假的时候，在一家英语培训学校做招生老师。一天，她和一个同事在一所小区的附近摆了展位。很多人前来询问。为了招到更多的生源，李娜面对每个人都要重复这样的一句话：“不要让自己落在别人的后面！”可是，一个假期，他们只招到几个生源。

招生场景二

王芳和李娜在同一家培训学校做招生老师。一天，王芳和一个同事在一所小区的附近摆了展位。很多人前来询问。王芳面对每个人都要重复这样的一句话：“你忍心让自己的英语水平不如别人吗？”就这样，王芳和自己的同事招到了满意的生源。

不难看出，王芳和李娜之所以会取得不一样的结果，主要是由于他们面对同样的咨询者，采用的说话方式、语气不一样。李娜使用的是感叹句，而王芳使用的则是疑问句。

也许你会很惊讶，“不要让自己落在别人的后面！”“你忍心让自己的英语水平不如别人吗？”这两句话真有这么大的差异吗？答案是肯定的。在很多情况下，使用疑问句所产生的说服力会明显优于陈述句。

据多项调查统计发现，在我们日常生活的谈话中，出现几率最大的是“陈

述句”和“肯定句”。前者，例如：张老师是一个大忙人，我昨天没有见到他。后者，例如：昨天没有见到张老师，我很生气。要知道，这类句子出现的次数越多，人们对它的感觉也就越浅，也就最容易被人们忽略掉。

当我们要强调某一句话或某一个观点的时候，应该使用相对来说出现较少的“疑问句”，这样更能引发对方抛开既定的立场和成见，引发他们思考。如果将上面的这个句子变成：昨天我没见到张老师，你知道我有多么生气吗？这样的效果更好些。

俗话说得好：有问就会有答。使用疑问句，通常会让一个人在不知不觉中思考其中的问题。而一旦有了思考，不论对方是否认同，都会让人对这句话产生较为深刻的印象。在说服对方的时候，要尽量引发对方思考，让他们变得积极主动。那如何才能引发对方的思考呢？其中，最简单便捷的方式就是学会提问。这里就有一个经典的广告案例：

1984 年，美国曾播出这样一个电视广告：

一个老太太走进一家速食店，买了一个牛肉汉堡。可是，当她撕开包装之后，却看见，汉堡里面只有一块很小很小的肉。

老太太又惊讶又生气，便问：“Where is the beef？”（牛肉在哪里？）意思是指：这个汉堡里的牛肉实在是太小了。

这是温娣汉堡制作的一个知名广告，为了打败竞争对手麦当劳，他们便在麦当劳的汉堡里做足了文章。当他们看到汉堡包里含有的牛肉很少的时候，便巧妙地利用了这一点，制作了这样的一条广告，表示汉堡包牛肉太少，对不起顾客！

果不出所料，这个广告引起了消费者的极大共鸣，结果一炮而红，让温娣汉堡的销售额在很短的时间里便提高了 26%。这样的效果，使用陈述句是很难达到的。

在当时，这个广告对社会的各行各业都产生了巨大而深远的影响，疑问句非凡的说服效果第一次呈现在了人们的面前。当众多的广告公司发现“疑问句”的说服效果要远远地大于“陈述句”的时候，“疑问句”便在各种场合广泛使用开来。

让你的建议成为对方的意愿

人们都不喜欢被人家告诉怎样去做他们的工作，都比较喜欢按照自己的方法做事。而让你的建议成为对方的意愿，可以撩起对方的急切愿望。这种建议的方法是非常见效的，而且能令双方都感到愉快。

门铃响了，主人把门打开。一个衣冠整齐的推销员站在大门外，看到主人，便问道：“请问，你们家里有高级的电热杯吗？”男主人怔住了，因为这突然的一问使他不知该怎么回答才好。男主人转过脸去，和夫人商量。女主人好奇地回答说：“我们家有一个电热杯，不过不是特别高级。”

这时候，推销员说：“我这里就有一个高级的。”说着，就从提包里拿出一个高级电热杯，就地演示了一番。他一边演示，还一边解释说：“这个电热杯耗电少，热的快，而且，不会对房间形成污染……”最终，这对夫妇接受了他的产品。

在这个故事中，值得注意的是，推销员并没有表现出能言善辩、巧言令色，而是通过现场演示，将高级电热杯的优点表述出来。推销员准确地抓住了人们向往高科技、希望减少家庭污染的心理，激起了女主人对高级电热杯的迫切需要，从而达到了销售的目的。

实践证明，让你的建议成为对方的意愿确实是一种不错的方法。尤其是对于那些比较固执、不容易说服的人，更加适合。

凯利是一家电子产品制造公司的副经理，她看到一个员工的工作方法不对，便决定给他一些建议。考虑到这个人是公司的老员工，而且性格比较固执，凯利决定找他谈谈。

第二天，凯利找到这个人，对他说："我觉得如果把三号切割机重新换一个地方，我们的生产效率还能提高。我想听听你是怎么想的。"

一天后，这个人来到了凯利的办公室说："我想出一个好的主意。如果把三号切割机搬到这里，对其加以利用，同时再加两个电动卷绕站，我们的组装线就会极大地提高效率……"

这种效果正是凯利想要的，她知道，这种方法要比告诉一个雇员如何去做好得多。

凯利知道让一个人改变他的工作方法的最好办法，就是让这个人认为这一切都是他自己想出来的。这样做，不仅会让那个人感到自己的工作更重要、更安全，而且还会提高生产效率，这正是凯利所期望的。如果你想让某个人接受一种新思想，而这个人又非常固执，很难接受别人的建议，就可以采用这种说服的方法。

琢磨别人的意愿，在他心里引起对某项事物迫切需要的愿望，并不是要操纵他，让他为你去做对你有利而对他不利的某件事；而是要他去做对他自己有利，同时又符合你的想法的事。不过，在使用这种方法的时候，要掌握两个环节：说服人要设身处地地谈问题，要把别人的事当作对彼此都有利的事来加以对待；在促使他人行动的时候，最好让他觉得不是你的主意而是他自己的主意。这样会使他高兴，他就会更加主动和积极。

别说单口相声，让对方多说话

每个人都非常重视自己，更喜欢谈论自己，即便你的好朋友也一样。为了说服对方，就要让别人多说话；要敞开心灵，专注倾听，鼓励对方把全部的、真实的想法表达出来；要耐心地听，敞开胸襟，让对方充分地说出他的看法。

有些人因为一心想说服对方，或改变对方的想法，往往一遇到机会，就会滔滔不绝地说个没完没了，丝毫不给对方留出表达自己想法的机会。这种问题，经常会出现在推销员的身上。事实上，真正想要让别人心悦诚服，最好的方法，还是要给对方机会，让对方多多说话，将自己的想法表达充分。

约瑟先生是一家电器公司的推销员，有一次，他到一处农庄推销电器。通过几天的观察，约瑟先生发现，在当地，很多荷兰籍的农户竟然一点电器设备都不用。约瑟感到很奇怪，就请教一位同事，问究竟是怎么回事。这个同事曾经在这个地区做过推销。

“他们都是守财奴，你是不可能让他们买下任何东西的。”同事厌烦地回答说，“而且，他们对电气一点兴趣都没有。”

虽然没有希望，但约瑟先生还是决定去试一试，他去的第一家是一家养鸡场。他走过去叩响了农家的门，不一会儿便有人开了门，可是，只开了一个小缝。

老太太很警觉，说：“你不是最近在我们地区搞推销的吗？”约瑟说：“太太，很抱歉打扰您！您别误会，我来找您，并不是要推销电器用品，而是想向您买点鸡蛋！”听他这么一说，老太太态度稍微缓和了些，门也开大了一点儿。约瑟看到了院中的鸡圈，趁机客套地赞美道：“您的鸡养得真好！一个个的羽毛都这么鲜丽，它们一定都是多敏尼克鸡吧？”

听了约瑟的话，老太太的好奇心被激发起来：“你怎么知道我的鸡是多敏尼克鸡？”门又被打开了一点儿。约瑟回答说：“我家里也有这种鸡，但从来都没有见过比这更好的多敏尼克鸡。”“那，你为什么不用你自己的鸡蛋？”老太太还有些怀疑。“我家里的鸡生的是白蛋。白蛋不适合做蛋糕，这个您一定也知道。因此，我的太太才让我来买些蛋回去。”约瑟说。

这一回，老太太似乎满意了，随即打开了房门。原来，除了鸡厂之外，他们家还有一套养牛设备。约瑟急忙借题发挥：“您养鸡的收入，一定要比您先生养牛收入来得多吧！”这句话果然激起了老太太的兴趣，接着，她就向约瑟讲了一堆养鸡的经验之谈。两星期以后，约瑟便得到了她的订单。

设想，如果约瑟不让对方多说话，是很难知道老太太的需要的；如果不先将老太太诱入圈套，约瑟是永远都不能把电器卖给这位荷兰守财奴的。

法国著名的哲学家洛希夫克曾说过这样的话：“如果你想得到仇人，你就表现得比你的朋友优越吧；可是，如果你想获得更多的朋友，就让你的朋友表现得比你优越。”这句话告诉我们，当朋友胜过我们的时候，可以满足他的自尊心。可是，当我们胜过朋友的时候，可能会让他们产生一种自卑的感觉，并会引起猜疑和妒忌。

每个人都渴望别人重视自己、关心自己。为什么不肯牺牲一点点，让别人得到愉快的体验呢？如果你希望别人的看法与你的一致，达到说服的目标，就要多给他人说话的机会，使其能畅所欲言，充分地表达出自己的心声。

巧设“优势问题”，让对方主动掉进来

怎样才能有效地引导对方呢？就是要学会利用“优势问题”。“优势问题”就是先通过提问，将对方的期望和担忧激发出来，使之产生一种强烈的寻求解决方法的愿望。这时，你再将你的优势展现出来，说服自然水到渠成。

儿子已经上初中了，父亲打算帮儿子找一个英文家教老师。父亲对应聘者提出了比较高的要求，同时也开出了很高的价码。面对优厚的待遇，很多家教老师都来应聘。可是，始终没有找到一个符合要求的人，直到有一天，他接到一个电话。

“先生！听说您在帮孩子找家教，是吗？……您是否在乎孩子的学习兴趣？您一定希望孩子能在快乐中自然学好英语吧？……我是一位留美硕士，可以通过有创意而且讲究乐趣的直觉式给孩子提供帮助，采用这种方法，不需要背诵单词就可以轻松学会英文……”结果，这名应聘者成功受聘。

这位应聘者之所以能够成功受聘，主要是因为，在他的谈话中，巧妙地设置了几个“优势问题”。他首先利用这些优势问题，激起了对方的期望，然后，乘胜追击，将自己的优势表达出来：我不但具有很高的英文造诣，而且还开发了一套颇有创意的“直觉式”学习方法。这种点到为止的话语，正好解决了对方所担心的问题，说服的功效也就水到渠成了。

在说服过程中，我们往往会发现，对方对我们的信任是非常有限的，尤其是在一些商务场合。当我们用陈述的语调直接说明自己的优势时，不可避免地会出现某些推销的意味。一旦有了“老王卖瓜、自卖自夸”的嫌疑，对方就会失去对我们的信任，产生一定的抗拒心理。这种情况下，是很难获得说服成功的。

诉求场景一

李林是一家公司业务部的经理，为了促进销售，打算在周末举办一期展览会。为了确保展览会能够顺利成功，李林打算说服企划部主管同意增加20%的广告预算。

李林来到主管办公室，对主管说："方经理，感谢您规划了这次展览会，为了确保展览会能够顺利成功，我希望你能增加20%的广告预算……"

主管听了一句话都没说，只是摇摇头，说"N0"！

诉求场景二

钱冰是一家公司业务部的经理，为了促进销售，打算在周末举办一期展览会。为了确保展览会能够顺利成功，钱冰打算说服企划部主管同意增加20%的广告预算。

钱冰来到主管办公室，对主管说："方经理，感谢您规划了这次展览会，我想为了这次展览会，我们的责任和压力都很大，不是吗？"

主管说："是啊！压力不小！"

钱冰说："您能确认这次的人数一定比上次的多吗？"

主管说："这个倒没有太大的把握！"

钱冰说："如果人来得太少，您想想总经理会怎么评价我们？"主管若有所思。

钱冰说："如果我们多在媒体上宣传这次的展览活动，是不是可以吸引更多的人前来？"

主管说："那是肯定的！"

钱冰说："那您看能不能给我们增加20%的广告预算？"

主管说："增加这么多？"

钱冰说："我认为，多花一点宣传费，可以进一步确保活动的成功，是值得的？您觉得呢？"主管想了想，点头了。

比较上面的两种诉求方法，我们不难发现：第一种直接诉求的方法，因为说服的味道太过明显，很容易引起对方的防范，要说服对方是很难的。第二种采用的是设立“优势问题”的方法，利用这种方法，极大地提升了钱冰的说服力。钱冰首先点出了对方面临的不利情况，然后才将自己的想法表达了出来，这样一来，就极大地提升了成功的几率。

如果你认为自己并不具有一定的优势，就可以利用“优势问题”的设计流程，创造出一个有利于自己目标达成的情况，让对方更能够接受你的说法，达到最终的目标。

设立“优势问题”的具体方法是，先通过提问，点出对方最在乎的事情，创造出一个有利于自己的情境；然后，将自己的优势展现出来，进而达到说服对方的目的。虽然设定“优势问题”的说法有时候显得比较啰唆，但是，如果这种方法真能取得预想的结果，是可以尝试着用一下的。当然，如果你能做到不啰唆，又能让对方真心回应你的话，那就更加完美了。

强行灌输自己的意见，两败俱伤

每个人都拥有独立的思想，没有人喜欢接受别人的推销，更没有人乐意在别人的强迫下去做一件事情。如果你提出的意见确实是正确的，事实最终也会证明这一点。可是，如果你的意见不对，你硬要强加给别人，那你的意见就会成为一种罪过。

一家汽车展示中心的经理发现公司的一个员工经常迟到。于是，便决定实施一则纪律。为了说服自己的手下，他没有将自己的意见强加给他们，而是先和他们进行了沟通。

他把这条要实施的纪律打印出来，分发到成员的手中，说："为了杜绝迟到现象的发生，我打算实施这样的一则纪律。如果有意见，可以提出来。"很快，结果便出来了，大家一致通过。从那以后，部门的成员迟到现象大大减少了。

确实，天底下没有人愿意受人支配，谁都希望自己的观念想法能够得到他人的采纳和尊重。在做事的时候，有些人经常会受到一种占有和控制的欲望的驱使，想把自己的意见强加给别人，希望别人按照自己意愿行事。

事实表明，没有人喜欢被他人支配，这种一意孤行的做法常常都会落空。所以，最好不要去支配他人，而是顺从其愿，加以善意的引导。

人各有志，不同的人对同一件事都有不同的看法。当自己的意见与他人产生分歧时，你是经常自以为是，还是会主动考虑他人的意见？这时候，很多人都会选择前者，尤其是那些身居高位者，因为他们更爱面子，更不会尊重他人的意见。

将自己的意见强加于人，坏处有二：一是对自己不利，如果他人的意见是正确的，没有主动听取，就得不到正确的信息；二是伤害他人的自尊心，给自己的人际关系上造成一定的负面影响。

参考别人的意见，学习别人的方法，才能让自己不断进步；尊重他人的意见，采纳别人的意见，才能给自己带来好处。没有哪个人是事事通晓的，为什么不主动考虑他人的意见呢？

大学毕业后，严绪发挥自己的特长，开了一家工作室，主要是设计服装草图，然后卖给服装设计师和生产商。为了有利于自己的工作，每个星期日，他都会前去拜访当地最著名的一位服装设计师，到现在已经有五年了。

严绪非常希望这位著名的服装设计师能够购买自己的产品，或者是给自己提一些建议。可是，每次去了之后，这位服装设计师都会重复这样的一句话："对不起，严绪，今天我们做不成生意啦！"

被拒绝了上百次之后，严绪认识到自己墨守成规。为了获得一些新的观念，找到新的解决办法，他研究了一下人际关系的有关法则。

这一天，严绪把几张没有完成的草图挟在腋下，跑去见设计师。严绪对设计师说："我想请您帮点小忙。这里有几张草图还没有完成，可否请您帮忙完成，使之而更加符合你们的需要？"

设计师一言不发地看了一下草图，然后说："先把这些草图留在这里吧，一个星期后来找我。"

一个星期之后，严绪把草图带回了工作室，按照设计师的意见认真完成。最终，这位设计师购买了严绪的很多东西。

在人际关系的处理中，保持谦虚的心态，更适合彼此间的沟通，更容易让人接受。尊重他人的意见，采纳别人的意见，对双方都有好处，何乐而不为。

◎ 第三章

找相同点，让对方毫无久违感

——相似因素说服法

只要对方和自己的态度相似，哪怕在其他方面有缺陷，同样也会对自己产生很大吸引力。在人与人相处的初期，空间距离的邻近性决定人与人之间的吸引，到了后期相互吸引发生了变化，彼此间的态度和价值观越相似的人，相互间的吸引力越强。

找到自己的“同路人”

如果能够遇到自己的“同路人”，是很容易进行沟通的。所谓“同路人”，就是去往同一目的地的两个（或更多）人。引申意义是：志向相同、志同道合的人。宋代陈亮的《与吕伯恭正字书》之二中说：“天下事常出于人意料之外，志同道合，便能引其类。”可见，志同道合的人拥有共同的理想，他们会为了共同的事业，朝着共同的目标，携手前进。

在进行说服的时候，可以根据对方的情况，主动说出自己和对方在哪些地方是“同路”的，比如看法、兴趣、经历等，显示给听者一种“我们是同路人”的好印象。一旦被说服者认为说服者是“同路人”，那就很容易被说服者引导和感化了。

生活中，很多人都知道这条“同路人”的法则，而且，在遇到情况的时候，也能积极运用。要使初次见面的人与你接近，最好的方法就是找出两人的共同点。即使是很小的共同点也无所谓，而共同点愈多距离愈近。

小赵在一家建材公司工作，主要是推销钢材。为了给自己找到满意的买家，他每天都在收集资料。一天，他突然发现，自己的哥哥和一家建筑公司的老板是同学，便决定和这位老板做一笔业务。

这一天，小赵带了一份精美的礼物，来到了老总的公寓。寒暄了几句之后，小赵便将自己的来意和这位老板说了。老板听了之后，有点不高兴了，因为他比较讨厌这种贸然推销的方式。

小赵觉察到了老板的不悦，急忙说：“听说您是南开大学毕业的？”

老板猛地一惊："是啊？你怎么知道？"

"我哥哥也是！"小赵立刻回答，说着便从书包里取出一张照片。老板接过照片，很惊讶，因为这张照片就是自己的大学毕业照，便问："你怎么会有这张照片？"

"这是我哥哥的。"说着，便用手指了指照片上的一个人，"这人就是我哥哥。"

"赵刚是你哥哥？"老板一眼就认出了自己的这位老同学，当初在学校的时候，他们两人的关系还不错。大学毕业后，因为各自都比较忙，所以就联系少了。

老板的脸上露出了喜悦的表情："你哥哥最近怎么样？都这么多年了。"说着，便和小赵聊起了他的大学时光。第二天，当小赵再次出现在这位老板办公室的时候，顺利地与老板签下了一份大单。

为了说服老板，小赵巧妙地利用哥哥的关系。当老板得知眼前的这位年轻人是自己昔日同学的弟弟的时候，便产生了信任，因此，合作也就水到渠成了。

在进行说服时，可以根据对方的情况，积极亮出自己的底牌，表明自己的某些看法、兴趣或经历等是与说服对象是"同路"的。当发现对方是自己的"同路人"的时候，是很容易说服对方的。这样做，不仅会拉近双方的距离，而且还会给听者营造出一种"我们是同路人"的好印象。一旦被说服者认为说服者是"同路人"，那就很容易被说服者引导和感化了。

张老太太的儿媳妇怀有身孕两个月了，胃口一直都不是很好，总是想吃一些酸的东西。张老太太来到了菜市场，到了一个水果摊边。摊主见张老太太的脸色不错，便问："老太太，什么事让你这么高兴？"

张老太太笑呵呵地说："我家儿媳妇怀孕了。"

摊主马上说："真是恭喜恭喜！几个月了？"

"两个月了。"

"喔，我妹妹也怀孕了，三个月了。"

“是吗？我家媳妇说，她总想吃酸的。你妹妹是不是也这样啊？”

“是的。这不，我每个星期都要给她送几斤李子去。”

“李子？”

“是的，李子够酸，而且营养丰富，孕妇都很喜欢吃。”

“是吗？那我也给我家媳妇买二斤。”

张老太太开心地买了二斤李子，踱着小步回去了。

当摊主得知张老太太是在为儿媳挑选水果的时候，巧妙地说出了自己的妹妹也在怀孕，而且，还在吃自己送给她的水果。在犹豫不定的张老太看来，别的孕妇喜欢吃的水果，自己的儿媳也一定喜欢吃，于是，便买了“二斤李子”。

在整个的销售过程中，摊主既没有刻意地推销，也没有善意的推荐，而是找到了与顾客的“相同点”。“同路人”彼此之间是容易沟通的，即使是初次见面，也会产生出一种“相见恨晚”的亲切感。这对于说服他人，是非常有利的。

了解有多深，说服力就有多强

不同的个体在沟通的时候，会产生一些障碍，如果你首先了解了对方的想法，更容易突破这层障碍，促进下一步的沟通。在此基础上，对方就会对你产生出一种强烈的信任感，因此，他也很容易接受你的一些观点，所以说，在说服之前，应该积极寻找一切机会，尽可能地对说服对象多一些了解。了解得越多，说服的把握也就越大。越了解对方的情况，对对方的思想、感觉、看法了解得越清楚，说服力也就越强。

不同性格的人，对接受他人意见的方式和敏感程度是不一样的。在说服之前，要先了解一下，看看对方是急躁的人，还是稳重的人；是不学无术的人，还是具有真才实学的人……如果掌握了对方的性格，就可以按照他的性格特征，有针对性地进行说服了。

很久以前，有三个性格迥异的人，其中的一个很勇敢，遇到事情的时候，敢于积极应对；第二个胆量一般，对于自己不害怕的事情，他是会去做的；剩下的一个则非常胆小，什么事情都往后退缩。

一天，一个谋士找到了他们，带他们来到了一个深沟前面，说："这里有一个深沟，你们三个人今天都要从这条沟上跳过去。"

谋士对勇敢的人说："跳过去的人是勇士，跳不过去的人就是胆小鬼。"这个人平生以自己的勇敢为自豪，最怕的就是别人看不起他，说他胆小，所以，当他听到这句话的时候，便毫不犹豫地跳了。

接着，谋士走到另一个人身边，这是那个胆量一般的人，他说："如果你能够跳过这个深沟，就能获得一笔钱财。”这个儿虽然胆量一般，但非常爱财，他听了，咬咬牙也就跳过去了。

最后，只剩下最后一个人了。谋士想了一想，突然大喊一声：“老虎来了！”只见这个人立刻腾身而起，就像跨过平地一样地越过了深沟。

谋士非常了解这三个人，于是，便巧妙地实现了自己的目标——让这三个人越过这条沟。所以，要想说服不同的人做同一件事，必须针对他们自身的特点，用不同的理由和方法激励他们。

每个人都有自己最熟悉、最了解的领域，比如：有人擅长艺术、有人擅长语言、有人擅长计算，有人喜欢绘画、有人喜欢音乐，还有人喜欢下棋、养鸟、集邮、书法、写作等。在说服别人的时候，可以从对方的长处、兴趣入手。这样做，不仅能和他谈到一起，而且，谈论内容也比较容易让他理解，也容易达到说服的目的。

张晓明和邻居家的男孩是好朋友，他们都非常喜欢自己家里的宠物狗。每到星期天，他们就会各自拉着自己的狗，站在一起不停地谈。从狗的品种、饲养，到繁殖、训练，这些是他们每次谈话的共同话题。而且，两个人都非常自以为是，即使是一小点的分歧，双方都不会让步。

一天，张晓明的狗死了，他伤心地坐在那里。邻居家的男孩走过来，别人以为这下他们不会谈很长时间，谁也没有想到，他们之间又找了共同的题目——教育。

邻居家的男孩说：“当前的教育糟透了，很多教师缺少耐心，有时还拿学生开玩笑，我自己就深受其害。我喜欢上了班里的一个女生，几次想传纸条给她，可是，都撕掉了。我怕被老师发现，挨批评！”张晓明却赞同当今的教育，他说：“你应该勇敢些，喜欢谁应该直接向她表白，写纸条是懦夫的表现。”最后，他们的话题又回到了狗的身上。张晓明答应要帮助邻居家的男孩购买一条他们都认为最棒的狗。

有些人，你们不管见面多少次，都会有一个相同的话题，而且双方都不会厌倦。一个人坚持某一种想法，除了表面上的一些理由以外，很可能还有更深层次的原因，这才是他的真实想法。如果能真正地了解了他的真实想法，就能有针对性地加以解决。

如何了解对方是有许多学问的。许多人不能说服对方，就是因为没有仔细研究对方，也没有采取适当的表达方式，就急于下结论，还以为自己“一眼就看穿了对方”。

在说服之前，你应该寻找一切机会，尽可能多地了解说服对象。你了解得越多，说服的把握也就越大。

第一，要用真诚的心对待对方。多聆听对方的心声，学会理解和体谅别人的心情和处境。

第二，找到一个合适的接触方式。人和人之间都是不一样的。有的时候需要用自己的方式去感染身边的人，有的时候则要用他们能理解的方式帮助他们。

第三，要有自信。

第四，了解他的朋友。要了解一个人，最好是先去认识一下他们的朋友，因为朋友是他们生命中的一部分。通过朋友，可以看到他本人的影子。

第五，细节。细节可以暴露出一个人的性格，想要了解一个人，可以从细节开始。比如：他在和你聊天时的话语、表情。

“知己知彼，百战不殆”。要想说服别人，首先要了解别人。在说服对方之前，必须透彻地了解被说服对象的有关情况，以便有针对性地进行说服，促使他应允。

寻找相似因素，迅速变得熟络

人与人之间存在着很多的相似因素，有些是明显的，有些则是隐藏的，只要留心对方的举止言谈，就不难发现一些相似因素。“隔行如隔山，同行易相知。”即使是初次见面，彼此之间并不熟悉，但对于共同从事的职业的性质、特点、作用、工作方式、内中甘苦都了如指掌，谈起来就有话可说，也就不会感到陌生了。

很多人都习惯于以对方出生地为话题而展开工作。虽然只是在旅途中路过一次，懂得说话技巧的人便会一知半解地说一句：“听说是个好地方啊。”于是，双方就会就这个话题交谈起来，这也是给对方留下好印象的一种谈话方法。

一次学术交流会上，两位教授相遇了。

张教授说：“李老师，听口音你是北方人。”

李教授：“是，我老家是河北的。”

张教授说：“河北？今年春节我还去过一次呢。我们去的是张家口坝上地区。这几年，那个地方的旅游搞得不错！”

李教授：“我就是张家口的。这几年市里重点扶持，张北等地区开发了很多的旅游项目。不过，还不太完善。”

于是，两个人便亲亲热热的从张家口谈到河北，从旅游谈到了农业。

俗语说得好：“物以类聚，人以群分。”这句话言简意赅地表明了人际吸引中相似性的作用。一般人都倾向于喜欢在某方面或多方面与自己相似的人，比如民族、年龄、学历、社会地位等方面。

在选择朋友的时候，很多人固然希望自己能够找个漂亮的，但是，事实证明，并非长相越英俊、越漂亮吸引力就越大。心理学实验表明，人际交往中，人们常常会认为，对自己有较大的吸引力的人，往往是那些在外貌上与自己相差不太大的人。

在职场中，“相似因素”更是一个可利用的元素。相似的年龄、相似的兴趣、相似的文化修养、相似的特长、相似的态度观点和思想信仰、相似的社会和经济地位，容易使彼此感到平等而相互吸引。如果你是一位基层的普通员工，却希望得到上级的青睐，就可以利用这则法则。

陈良进入了一家外贸公司，靠着一年的勤奋工作，取得了不错的成绩。第二年，陈良的部门经理辞职了，陈良知道，公司一定会在近期从部门内部选出一名经理。

陈良非常想争取这次机会，因为职位的提升，会给自己带来很多好处。后来，陈良经过多方打听，发现公司老板是一个高尔夫球手，陈良想了一个办法。

第二天，陈良便在休息时间，和同事大谈特谈高尔夫球。陈良说自己的球技很高，同事不相信，于是他们约好了时间比试一下。

陈良和同事要比赛打高尔夫球的消息不胫而走，老板听说了，也来了兴趣。第二天，陈良、同事和老板便来到了高尔夫球场。陈良借此机会，显示了自己的高尔夫球技术。一边打还一边说：“打高尔夫球会令人神清气爽，如果每天都让我打高尔夫球，就好了。”

从那以后，陈良就和老板联系上了。由于老板知道陈良喜欢打高尔夫球，而且，球技也很高，所以每次出去都要他陪同，有时候约见客户，也要陈良陪着。没过多长时间，陈良的经理梦实现了。

为了获得自己心仪的职位，陈良巧妙地利用了自己和老板的“相似因素”，当他知道老板也和自己一样，喜欢高尔夫球的时候，喜出望外。正是“喜欢高尔夫球”这一相似因素，促成了陈良梦想的实现。

只要你有足够的耐心去寻找，双方之间就一定会存在一些相似之处。即使一时没有找到有说服力的相似之处，你也可以尝试着用意思相近的语言来代替。

共同的兴趣与爱好能促进交往双方相互接近，它在人们的心理上往往诱发出一种特定的吸引力。美国心理学家纽科姆曾在密执安大学作过一个实验，实验对象是 17 名大学生。将这些不同态度、价值观和人格特征的学生混合安排在几个房间里，一起生活 4 个月。实验结果表明，在相处的初期，空间距离的邻近性决定人与人之间的吸引；到了后期，彼此间的态度和价值观越相似的人，相互间的吸引力越强。

有一次，著名相声演员姜昆到某地演出，当地的很多新闻记者得知了这条消息，都想对其进行采访，可是，他都婉言拒绝了。这天，他正在休息，助理过来告诉他说："有一位相声迷非要见您不可。"一直以来，他对自己的支持者都非常尊重，只要是遇到同行或者对相声感兴趣的，他都会主动与之交流。他答应了。几分钟之后，这位崇拜者便敲开了他的门，开门见山地说："姜昆老师，我是一个相声迷，我对你的节目有些意见……"他一听是给自己提意见，便热情地接待了来者。其实，这个人的真实身份是一名记者，只不过自己对相声比较着迷而已。

这位记者正是利用了他和相声演员之间共同的爱好及兴趣做文章，巧妙地打开了对方的话匣子，顺利完成了采访任务。俗话说："隔行如隔山，同行易相知。"即使是初次见面，彼此之间并不熟悉，但对于共同从事的职业的性质、特点、作用、工作方式、内中甘苦都了如指掌，谈起来就有话可说，不会感到陌生了。

职场中，我们常能见到这种场面。当商量没有进展，双方处于对峙状态时，其中一方会突然挨近另一方说："其实我和你一样，也一直在考虑这件事。"并以此作为突破口，展开话题。

不断地反复强调彼此之间的相似因素，可以让对方产生"他的想法和我一样"这种认同意识，这样，就可以促使对方认为"对面那人和自己是同伙"，这对说服工作会更有帮助。

学会套近乎，自来熟可以拉近距离

陈梅接到了公司的辞退报告。她被公司炒鱿鱼了！陈梅很生气，自己一向很努力，怎么会落了一个被炒鱿鱼的结局。陈梅整天将自己关在屋子里，为了搞清楚事情的原因，老公帮她约了原来的一位部门同事张霞。

已经不是一个办公室的同事了，所以，张霞说起话来，也很放得开。她说："你知道，你给我们大家的印象是什么吗？太保守、太谨慎、太孤僻。你似乎有意要把自己隐藏起来，不让自己被他人了解，任何人都很难从你身上获得有用的信息。

"你从来都没有跟我们讨论过自己的兴趣、爱好以及其他方面的生活。比如，办公室的同事一起去酒吧，每次别人问你爱喝什么，或是要点什么的时候，你总是把手一推，说：'你们先点吧，我到时候再说。'后来，每次大家都不问你，也不管你了。

"再比如，那天，你中午吃饭回来，一个同事随口问你：'今天和谁一起共进的午餐呀？'本来就是随口问的一句话，你却一本正经地回答：'和别人！'这样的回答其实等于没回答。给别人的印象就是'我不愿意回答''我不想回答'。

"午休的时候，部门的同事们喜欢在一起聊一些八卦新闻、花边新闻。当有人问到你的看法的时候，你也含糊其辞：'其实每个人都有自己的喜好，没有什么对与错。'

"时间长了，同事们都觉得跟你没有共同语言，没什么可说的。所以，你基本上是自己把自己给孤立起来了。"

张霞的一席话，虽然说得比较直接，可是，却真正地点到了陈梅的软肋。她就是这样一个人，不喜欢与人接近。

生活中，其实有很多的年轻人跟陈梅一样，每天都给自己穿上一套厚厚的“防护衣”，把自己严严实实地包裹起来，让人看不到她的内心、她的个性、她的兴趣。无论别人如何敲打她的心门，她总是关闭得严严实实的。这样的人，是很难与人亲密地相处的。

齐景公是个性格残暴的君主，他滥用酷刑，砍掉了很多人的脚。当时，晏子是齐国的相国，他总想找个机会劝劝他。

晏子住在闹市区，平时这里生来人往，异常的繁杂，生活条件不是很好。一天，齐景公对晏子说：“这里环境不太好，我帮你盖幢新房子吧？”

晏子拒绝说：“我们祖祖辈几代人都是生活在这里的，这里购物方便，不是很好吗？”

齐景公问：“那么，你知道现在市场上什么东西最贵吗？什么东西最便宜吗？”

晏子说道：“市场上，最贵的是假肢，最便宜的是鞋子。”

齐景公一听这话，就知道这是晏子很反对他滥用酷刑，于是，便接受了他的劝告，从那之后，再也没有用过酷刑。

俗话说，人之相知，贵在知心。要想和别人成为知心朋友，有时候不妨适当地表露自己的真实情感和真实想法。当别人需要真心话的时候，坦率地表达自己。这样不仅有了更多的聊天话题，更是给人一种可以接近的亲切感。反之，别人就会认为你难以靠近。所以，要想处理好人际关系，让人接纳你，首先就要想办法拉近彼此间的距离。

很久很久以前，鸟类和兽类之间发生了战争，因此，双方只要一见面，便会引起一阵纠纷。一只蝙蝠特别讨厌这种状况，它主要是担心自己在这场战争中受到伤害。看到鸟类处于劣势的时候，它就会急忙跑到兽类那边。

“我是来和你们一起作战的，希望我的加入能够给你们输入一些新鲜血液，为打败鸟类出点力。”蝙蝠拍拍胸脯对兽类说。

“森林中，居然还有这样的怪鸟！快拖出去！”兽中之王老虎注意到了蝙蝠的翅膀，生气地说。

“大王，请息怒。咱们本属一家，何必相互厮杀？”蝙蝠神气十足地说。

“同属一家？我们兽类是绝对不会放过你的！”

蝙蝠说：“你看看我的耳朵是不是和老鼠的耳朵很像？我真是兽类！”

就这样，蝙蝠被兽类接受了。可是，没过多长时间，鸟类转败为胜，蝙蝠急忙跑到了鸟类身边：“我们鸟类真是太了不起了！”

“你不是兽类吗，怎么跑到我们的队伍中来了？”鸟王严肃地问。

“大王，你真会开玩笑！我明明长着一对翅膀，怎么会是兽类呢？……”

鸟王听了之后，没有再进行追究，蝙蝠又为自己保住了一条小命。

为了说服兽类自己和它们是同类，蝙蝠强调了自己的耳朵，因为它的耳朵和老鼠的耳朵很像；为了说服鸟类自己和它们是同类，蝙蝠强调了自己的翅膀，因为拥有翅膀是鸟类的共同特征。事实证明，蝙蝠的这种说服伎俩是成功的。这个故事告诉我们，要想拉近双方的距离，增进说服的几率，就要想办法消除双方的距离感，拉近彼此间的距离。

除此之外，喊出对方的名字，也是拉近彼此间距离的一个好方法。准确地叫出别人的名字，是拉近距离、打开戒备之心的重要钥匙。当你听到别人喊着自己的名字时，你难免会对此人产生一种亲近感，无形之中就会主动打开心扉。

当新车送进白宫时，为罗斯福总统制造车的机械工人也被引荐。到了如此重要的场合，这个工人有些胆怯害羞。见了总统后，他便一声不响地站在角落里。

总统非常高兴地和来看车的人欢谈着，当这位工人将要辞别的时候，罗斯福总统突然把他叫到自己的面前，叫着工人的名字，向他表示感谢，并且和他握了手。

这位工人受宠若惊。其实，这位工人的名字，只不过是在引荐的时候，向总统通报过一次而已。

当和某个人第一次见面的时候，我们常常会向对方提出这样的一些问题：“你是哪个地方的人？”“你毕业于什么学校？”……其实，这些都是潜意识之中，寻找和对方共通性的一种行为。如果知道了对方的出生地，我们马上接着说：“原来是XX，我去年刚去过呀！”这样，对方就会觉得很亲切，心理上的距离便会因此而拉近许多。

此外，大家都有这么一种感受，即：骑自行车遇到红灯时，如果一起闯就不那么害怕了。这表明了一种大众心理，即：遇到危险时，如果是几个人一起面对它，危险的感觉就会淡薄些，甚至会产生安全感。这种稀释压力或风险的方法，适用于任何场合。在本单位遇到困难或压力时，如果强调大众意识，多用“我们”少用“我”，不仅有利于说服对方，而且可以增强信心。同时，在谈话之中，可以经常加入对方的名字，如：“XX先生也认为这样就可以了吗？”“正如XX先生所说的。”这样，心理上的距离便会拉近许多。另外，我们一方面要注重交谈的内容，另一方面也要注意措辞和语气等。

琢磨对方心思，从他想要的入手

要想在交流中达到自己的目的，实现自己的计划，就要学会从他人的角度和需要去考虑，这样做，会让对方觉得你是在替他考虑，而不是在为自己说话，这样的方式是比较容易让对方接受的。

一家犹太人养了一只狗，家里的每个成员都喜欢这只狗，其中的一个小男孩更是对狗疼爱备至。他整天都和小狗一起吃饭，一起睡觉，简直是难舍难分。

一天，这只可爱的小狗无缘无故地突然死了，小男孩伤心极了。父亲虽然也有点痛心，可还是打算将这只狗拉出去扔掉，小男孩却一定要将狗埋在自己家的后院里。

为了这件事情，儿子和父亲闹僵了。他们只好找到拉比进行咨询，想看看究竟该怎么做。在当地，拉比常常为别人提供各种咨询。

拉比查找了很多的资料，结果在《塔木德》中找到了一个和这件事相关的故事，故事是这样的：

一次，一条毒蛇爬进了主人的牛奶桶中，它的毒液很快便溶进了牛奶。虽然主人没在家，可这件事情还是被家里的狗看在了眼里。

晚上，当主人的一家子正要喝桶中的牛奶时，狗就叫了起来。看到狗打扰了家人的吃饭，主人很生气。可是，这只狗并没有放弃，反而扑上来打翻了盛奶的杯子，自己喝了起来。几分钟后，这只狗就死了。

主人恍然大悟，原来牛奶里有毒！主人对这只狗感激不尽，将它埋在了自家的后院中，还立了一块碑。

听完这则故事之后，父亲便同意了小男孩的做法。

表面上看起来，这个故事讲的是和狗有关的事情，但时，实际上是在教诲人们：任何事情都要从他人的角度考虑和着想。这件事之所以能够获得圆满的解决，和拉比的处世艺术也是分不开的。拉比没有把任何东西强加于父亲，只是揣摩了父子的心理，从他们的需要入手，讲了一个关于狗的故事。因此，如果想说服别人，就得认真揣摩对方的心理，从他的需要入手。

在现实生活中，每个人都是一个独立的个体，都有自己的一些特殊的喜好，在食欲、爱好方面都或多或少地存在一定的差异性：有的是喜欢吃香蕉，有的人喜欢吃苹果；有的人喜欢看电视，有的人则喜欢听音乐。因此，如果想通过别人把事情顺利地办成，就必须设法弄明白对方的真正意图，尤其是与自己的计划关系密切的事情；然后，依照对方的意向去迎和他，替他人着想，这样事情就会好办得多。

一位作家要举办一个为期一个月的演讲培训班，他租用了一家酒店的会议室作为讲课场所。但是，在开课的前一天晚上，他接到了酒店的通知：会议室的租金涨三倍。作家不愿意多支付这笔费用，又来不及另找地点，只好去找酒店的经理。

他开门见山地说："当我收到你们的通知的时候，我感到有些惊讶，但是，如果我是经理，也会这么做。不过，现在，让我们来讨论一下这样做对你们到底有没有好处？"

经理点点头，示意他往下说。于是，作家说："你会因为将这个会议室出租给我而获取相当大的一笔收益。首先，你不应该增加会议室的租金。因为对于这样的租金，我会拒绝支付，而且我还会被迫去寻找一个适合我举办培训班的场所。其次，来听我的演讲的大多数是受过高等教育的人，对你们酒店来说，这是一个非常好的做广告的机会……希望你仔细地考虑一下我所说的话，然后再告诉我最后的决定。"

第二天一大早，作家便收到了酒店的回应：会议室的租金不涨价了！

很难想象，这位作家巧妙的言辞居然把经理说服了，当然，他说话是有一定的技巧的。他并没有直截了当地跟酒店的经理阐明租金涨价对自己的不利影响，而是从对方的角度入手阐明这件事情对对方的影响。

一个能替他人着想的人，是容易被对方接受的，这是一种人性化的思维方式。为了人际关系的和谐，就要经常从别人的角度考虑问题，多为别人着想。要从他人的利益得失入手，让对方感到自己是在替他考虑，而不是为自己说话。

◎ 第四章

好说未必好商量，说点反话

——反面衬托说服法

在说服技巧中，有两个重要的技巧，一个是“从正面说”，一个是“从反面说”。其中，“从正面说”是以事物的正面结果作为论据；“从反面说”是以事物的负面结果作为论据。这两种方法是互相对应的，分别拥有不同的说服效果。

说点反面话，“吓”住对方

很多时候，我们常常会采用“从正面说”的方法来说服对方，几乎很少有人会想到用“从反面说”。事实证明，采用“从反面说”的技巧更容易引起对方的重视。

从正面说——

张先生说：“李先生，如果从现在开始，你每个月在自己的户头上存入2000元，连续20年下来，光是本金就拥有48万元！再加上利息和投资得到的分红，20年后，你就可以安心地享受自己的退休生活了，所以……”

从反面说——

张先生说：“李先生，政府最新的一项统计结果表明，拥有足够退休金的老人只占老人总数的20%。也就是说，现在，有几乎80%的老人必须依赖家人的扶持才能生活。这里值得注意的一个问题是，我们的下一代并不擅长储蓄，他们的储蓄率不到我们这一代人的一半。你说，我们能不好好规划自己的退休资金吗……”

比较上面的两种说法，可以看出，采用“从反面说”的技巧更能引起别人的注意，更能够说服对方。

众多的专家经过多年的研究发现，当一个人听完从正面所作的宣传后，他的情绪也是正面的、轻松的、愉快的，在这种心情下，几乎没有哪个人会受到激励，这些人会安于现状，对更好的未来和结果也就没有那么迫切了。

在任何一个人的身上都存在着一种“惰性”，正是这种“惰性”使他们并不容易被说服。面对正面的劝说，大多数人会报之以理解性的微笑，可是，在这之后，不会采取任何的行动，依然会继续维持现状。

相反，一个人在听完负面结果的渲染时，一般情绪都不是很好，这种情绪会让人产生诸多的不安甚至恐惧感。在这种情绪和环境下，大部分人会让自己改变现状，一旦看到解决这种不良情绪的方案和希望，他们就会产生一种大的行动力。

星期天，琳琳在一家商场闲逛，无意中走到一个化妆品专柜区。随着天气的一天天变暖，各种品牌的防晒新品已经纷纷上架了。

琳琳来到第一个专柜，售货小姐极力向她推荐，说："小姐你好，最近，我们公司新推出了一种防晒霜。这种防晒霜中特别增加了原花色素的成分，不仅能够有效隔离紫外线、保护你的脸部肌肤、淡化色斑，还可以让你的皮肤细腻白嫩、永远青春……"

售货员小姐还没有说完，琳琳便摇着头走开了。这样的广告说辞铺天盖地，并不能吸引她。

接着，琳琳便走进了第二家。在这一家的柜台前，聚集了好几个顾客。售货员说："现在这个季节，我们一定要小心呵护皮肤！炙热的阳光是皮肤的第一杀手！它会破坏皮肤里的胶原蛋白，增加有害自由基，皮肤不仅会失去弹性，而且还会产生皱纹和色斑！我们必须从现在开始就注意保护和修复，原花色素是修复胶原蛋白的圣品……"

还没等她说完，就有顾客打开了钱包，本来没有计划要买防晒品的琳琳也决定防患于未然，购买了一份。

从上面的两则案例，我们可以清楚地看到：第一位销售小姐采用的是"从正面说"，不管是"保护脸部肌肤"、"淡化色斑"，还是"让你皮肤细腻白嫩，永远青春"等，都是使用了她的产品后有可能出现的正面效果。

而第二位销售小姐则反其道而行，开始的时候，她并没有说自己的产品怎么好，而是给人们介绍了夏天来临时，女性面前的困境——"破坏皮肤里的胶原蛋白”、“增加有害自由基”、“皮肤失去弹性”、“产生皱纹和色斑”等。她抓住女性怕衰老的心理特点，大肆渲染了阳光对皮肤造成的危害，引起了琳琳等顾客心理上的焦虑和恐慌。然后，这位销售小姐才提到产品，当一个能解决那种不安和恐慌的产品出现时，琳琳等顾客自然会采取行动，她也就达到了说服的目的。这就是大肆渲染负面结果使说服变得更加有力的技巧。

赫布·科恩是美国著名的谈判专家，他曾给人们讲过这样的一个故事：

犯人杰克被单独监禁在一个监狱里。当时，很多犯人在思想上想不开，会做一些傻事，比如自残。为了避免杰克的自残行为，监狱不仅对他的全身进行了搜查，就连他的鞋带和腰带都被暂时没收了。这么年轻就锒铛入狱，杰克感到很自卑。为了消磨时间，每天，他都在房间走来走去。

一天，就在他来回走动的时候，忽然闻到了香烟味。这种味道只有他最喜爱的牌子——万宝路才能散发出来，这是一股再熟悉不过的香味。

杰克将自己的眼睛贴到门上的小孔上，通过这圆圆的孔洞，他看到一个守卫正在走廊里惬意地抽着香烟。杰克的神经受到了强烈的刺激！他打算向这位守卫要一根香烟。

为了要一根香烟，杰克急迫地敲着房门。守卫听到了响声，慢慢地踱步过来，问：“你要干什么？”

杰克回答：“我想要一支香烟，就是你抽的这种——万宝路。求求你了！”可是，守卫并没有理会杰克的要求，立刻转身离开了。

杰克看到自己没有得到香烟，便用右手重重地敲打着房门。守卫有点不耐烦了，一边吞云吐雾，一边转头问道：“你又想要什么？”

杰克回答说：“谢谢你，请在30秒内给我一支烟。如果超过这时间，我立刻就撞墙。到时候，监狱警官会把我从血泊中救醒，之后，我肯定会说是你干的。也许，他们不会相信我，可是你也得想想你的遭遇：你会被一次又一次地问话，为了澄清你与这件事情没有关系，你还需要一篇又一篇地写报告。或许你不在意这些，但是，如果你给我一支万宝路香烟，这些无谓的烦恼都会在我点燃香烟之后烟消云散，并且，我答应你绝不再给你添任何麻烦。”

最后，守卫不得不从房门的小孔中给杰克塞了一支万宝路香烟，并且为他点上了火。

在身份差别如此悬殊的情况下，犯人杰克通过运用“反面说”的方法，使自己的需求得到了满足。

别说得到多少，要说损失多少

在面对同样数量的损失和收益时，损失更能让人们产生大的情绪波动。所以，在说服别人的时候，就要充分抓住对方的这种心理。在日常的说服过程中，应该学会利用有可能出现的损失作为诱因，抓住对方的心理，为自己的理由加重分量，从而达到说服对方的目的。

有一个明星球员，当他的球队连续赢得了几个赛季的球赛之后，沾沾自喜。他认为自己为团队做出了很大的贡献，决定让经理为自己加薪。可是，每次到了经理那里，得到的答复都是："好，我会参考你的成绩，适时地给你加薪的！不过，还得让我再想想。"潜台词就是："先看看你下个赛季的表现吧！"

这个球员很生气，但是又不能发作。后来，这个球员经过一段时间的考察发现，有一个小球队正在以后起之秀的势头迅速突起，引起了同行的注意，东家也开始留意了。

一天，这个球员找了一个和自己关系不错的记者，说："我想给那个小球队当教练。我觉得以我的经验，一定能够教他们一些赢球的秘诀。"

这条消息很快刊登在了报纸上。小球队的经理看到了这条消息，喜不自胜，立即和这个球员联系上了。同时，他的经理也知道了这件事情，紧张起来，因为失去了这个队员，对他来说，将是一笔巨大的损失。最后，这个经理只好做了退让，答应了他的加薪要求。

当经理意识到，球星的离开会给自己带来巨大损失的时候，终于做出让步。所以说，当一个人看到自己即将受到损失的时候，是很容易被对方说服的。在说服别人的时候，要充分抓住对方的这种心理，以损失作诱因，实现说服目的。

名表专柜前，销售人员正在向陈小姐推销手表。这时，她注意到陈小姐手腕上佩戴的是一块国产梅花表。

“小姐，你现在佩戴的这块表也很好看哦，很经典的。不过看款式，应该是比较早一点的吧。”

“对。我妈妈送给我的。戴了几十年了，很有感情。”

“今天，你想买一块什么样的表呢？”

“过几天是我妈妈六十大寿的日子，我想选一个特别的生日礼物送给她。”

销售人员立即做出了回应：“呀，你母亲六十大寿了，真是可喜可贺。我们有专门针对老年人开发的系列产品。”说着，销售人员便将客户引到了另一个柜台前面：“买这种产品送给老人，老人一定会很开心！”

陈小姐看着这块手表，脸上露出了疑问：“质量可靠吗？”

“质量当然有保证了！如果你错过了这款手表，将来一定会后悔的！”

最后，陈小姐就给母亲选购了这款手表。

以损失做诱饵，可以抓住对方的心理。面对客户的时候，如果说出这样的一句话：如果你不购买我的产品，你就会就会遇到XX麻烦（或问题）。或者，暗示客户：如果不购买他的产品，客户就会可能因此丧失掉某些利益。采用这样的方法，是比较容易说服人的。

很多商家都会在“五一”、“十一”等节假日开展类似于“限期促销”的活动。所谓的“限期”，其实就在向客户传递一种“超过期限就不能享受如此优惠”的意义，开展这样的活动，可以创造出一种热烈的销售气氛。

五一期间，孟女士想给自己的父母买一台空调，便带着自己的老父亲来到了电器城。这时候，很多商家都在搞促销活动，一派热闹的场面。最后，老父亲相中了一款空调。孟女士让父亲多看看、多转转，货比三家，可是，父亲却说：“这家在搞促销，比平时的销售价少500元，是限期促销，今天是最后一天！”孟女士对于这些促销的手段多少了解一些，便对父亲说：“没事的！多看看！明天买也不迟！”可是，父亲却不相信自己的女儿，一个劲儿地强调“限期促销”。最后，孟女士只好按照父亲的意愿，购买了一台。

事实证明，这样的销售策略，确实为商家带来了大量的利润。人们已经十分熟悉商家的这种有意无意传递的信息，所以，很多消费者都会选择在节假日进行“疯狂购物”，即使需要排队等待也乐此不疲。如果你明白这样的一条说服规律，你就会减少很多的烦恼。

当你和别人进行沟通的时候，常常会面临被对方否定的场景。因为，对方一般是不会主动同意你的建议的。如何才能说服他们下定决心呢？

陈良打算做一个项目，想找一个同事帮忙。当他将自己的想法告诉同事的时候，同事有点犹豫不定。看到同事欲言又止的样子，陈良说：“其实，做这样的一个项目，也是一个极好的锻炼机会。”

“机会？我可不觉得。”

“如果你不加入，你将会错过一个和新技术打交道的机会。”

“说的也是。”

“而且，在这个部门里面，你的价值是很难得到进一步提高的。公司每隔一段时间，都在招聘新人，这样，你的职位也就岌岌可危了。在公司里面，如果没有地位，就会被解雇。现在工作这么难找，一旦失业，你怎么养家呢……”

“好，我和你一起干！”

面对分歧的时候，说服的一方必须调整好自己的策略，不要让自己的说服形式过于单调，而且要向对方提出“如果不采取我的建议（或者不购买我的产品），您将会受到XX的损失”的暗示，这是一种打动对方的有效方式。

适当“威胁”也是一种策略

懂得说服技巧的人，会千方百计地揣摩对方的真实意图，一旦摸清了对方的底牌，就掌握了说服的主动权。在说服过程中，当你已经有了一定的把握的时候，可以适度运用“威胁”的策略，以增强自己的说服力。

希尔顿饭店是世界闻名的饭店，可是，在希尔顿的事业刚刚起步的时候，曾出现过资金缺乏的情景。尤其是在修建达拉斯的希尔顿饭店时，希尔顿的境况就更加困难了，按照预算，仅饭店建筑费一项就需要100万美元！

为了解决自己巨大的资金缺口，希尔顿想了很多办法，可是，都被一一否决了。最后，希尔顿灵机一动，有了一个点子。

希尔顿找到卖地皮给他的房地产商人杜德，对他说：“如果我的房子停工待料，附近的地皮价一定会大大下降；如果我再宣传一下，说饭店停工是因为位置不好而另选新址，那你的地皮可就卖不了好价钱了。”

听了希尔顿的说辞，杜德一点办法都没有。他很明白希尔顿饭店对他的意义，于是便接受了希尔顿的条件。

在希尔顿事业刚刚起步的时候，出现了资金的严重匮乏，面对进退维谷的困境，希尔顿没有心灰意冷，而是开动脑筋，巧妙地利用“威胁”的方式，演出了一场好戏。杜德虽然不想帮这个忙，可是，考虑到自己的利益，也就答应了。所以说，运用“威胁”的策略，可以有效地增强说服效果，可以实现成功地说服。

这种用“威胁”说服对方的办法不仅仅适用在现代社会，在古代社会中，也大量运用。比如：中国历史上著名的“唐雎不辱使命”的故事便是使用威胁来达到说服目的的。

战国时期，秦国的实力在周边各国中是最强大的。它仗着自己的实力，到处对小国、弱国进行侵略、欺凌。

一次，秦王看中了一个叫安陵的小国家。他派自己的一位使者前来拜见安陵君，说：“我们秦国愿意用方圆500里的地方来换取安陵。”安陵君知道，这是在巧取豪夺，便断然拒绝了秦王的要求。

安陵君知道自己不答应秦王的要求，一定会得罪秦王。为了缓和彼此之间的关系，他特意委派谋士唐雎出使秦国，向秦王作进一步解释。果不出所料，秦王见一个小小的安陵，不答应他的要求，很不高兴。

很快，唐雎便来到了秦国。当唐雎拜见秦王，行礼完毕后，秦王就阴沉着脸，对唐雎大声吼道：“不用解释了！我问你，你知道天子发怒的情形吗？”

此时的唐雎一点也不害怕，他毫不示弱地回答说：“大王，我还真没听说过。”

秦王用教训的口气说：“那就让我告诉你吧！天子一发怒，就会伏尸成片，血流成河！”

唐雎明白，秦王是在用战争威胁他。他一点也没有害怕，而是压住心中的怒火，平静地对秦王说：“大王，您听说过布衣之士发怒吗？”

秦王不屑一顾地说：“布衣之士发起怒来，也不过是扔掉帽子、光着脚、用脑袋撞地罢了！”

唐雎摇了摇头说：“这不过是平常人发怒罢了，不是士人发怒啊！从前，专诸替吴公子刺杀吴王僚的时候，月亮遭到了彗星的冲击；聂政为严仲子杀韩槐时，太阳被白虹穿过……这几个人可都是布衣之士呀！他们发怒时，上天都要降下预兆。布衣之士发起怒来，倒下的虽然只有两个人，流血也不过五步，可是，天下人却都要穿起丧服啊！……”

唐雎说完，迅速地拔出藏在身上的短剑，一下子站了起来，瞄向秦王。秦王顿时被吓得变了脸色，赶忙向唐雎道歉：“先生息怒！今天我算是明白了：安陵之所以能够生存下来，正是因为有您这样的人啊！”

就这样，唐雎胜利地完成了任务，而秦王也没敢再提换地的要求。

唐雎和秦王双方为了说服对方，都使用了威胁的手段。为了夺得土地，秦王以“发动战争”来威胁；为了完成任务，唐雎则“威胁”秦王要夺取他的性命。其实，不管结果如何，总的来说，在这件事件当中，“威胁”手段被不止一次地使用过。

需要注意的是，说服过程中的“威胁”，并不是真正的目的，只是一种手段。善意的“威胁”是有助于成功的。如果在说服别人的时候，运用这种方法，就可以让对方懂得利害关系，产生一定的恐惧感，从而增强说服的效力。

“负面渲染”，过犹不及

使用“威胁”的方法虽然能使双方形势发生一定的逆转，但这中间也存在着一定风险，因此，在采用这种威胁方法时，必须在掌握大量信息的基础上尽可能精确地计算风险，还要做好万一失败的准备。我们在使用“负面渲染”的技巧说服他人时，一定要注意掌握好负面渲染的程度，否则可能会造成不良的影响。

最近，悠悠说一见到数学题就害怕，心跳得很快，手也开始抖了，腿也开始哆嗦了。

爸爸非常生气，说：“你这是在找借口。我在你的数学上下了多少工夫，我每天都陪着你做数学题，你现在还这么说？”

悠悠小声嘀咕：“可你是拿着小棍在陪我做题啊。”

拿着小棍陪孩子做作业的方式其实就是在给孩子进行“负面渲染”，在孩子的脑海中会留下“如果你不认真完成作业，我就会用这根小棍惩罚你”的印象。这种“负面渲染”的方式，似乎有点儿极端。这种类似“马戏团”的训练方法，怎么能用在孩子身上呢？

在家庭教育中，“负面渲染”的说服方式无处不在，只不过有时候是家长有意的惩罚，有时候是无意识的惩罚。在使用这种方法的时候，一定要把握好度，否则只会产生不良的结果。

同样，“负面渲染”方法，在生活的各个领域都广泛使用着。不过，在使用反面衬托的技巧说服他人时，一定要注意负面渲染的程度，在说话时掌握好分寸，争取做到收放自如，不要因为负面性的语言而把事情搞僵。

利用周末的时间，李强所在的公司到外地搞了一次集体活动。当大家风尘仆仆地赶到事先预定的旅馆时，服务员却说："因工作失误，原来订好的套房中，没有热水。"

作为领队，李强约见了旅馆的经理。

李强："对不起，这么晚还把您从家里请来。但大家满身是汗，不洗洗澡怎么行呢？何况，我们预定时说好供应热水的呀！这事只有请您来解决了。"

经理："我也没有办法。锅炉工下班急着回家，忘了放水。为了解决你们的问题，我已经叫他们开了集体浴室。"

李强："是，我们都可以到集体浴室去洗澡！不过，话要讲清楚。我们预定的是50元一晚的套房，这种套房里是有单独浴室的。现在，如果我们到集体浴室去洗澡，就等于降低到通铺水平，我们只能照通铺标准，降到15元付费了。"

经理："这不行！"

李强："那只能由你们供应套房浴室热水了。"

经理："我实在是没办法。"

李强："您有办法！"

经理："有什么办法？你说。"

李强："您一共有两个办法：一、把锅炉工找回来；二、给每个房间拎两桶热水。当然，我会配合您劝大家耐心等待。"

经理想了想。10分钟后，锅炉工被找了回来；40分钟之后，每间套房的浴室都有了热水。

在开始的时候，旅馆经理存在着侥幸的心理，期望客人能够妥协一下。可是，当李强提出了"负面渲染"的条件时，经理马上就让步了，因为他知道孰轻孰重。

在谈话的过程中，李强将自己的话都点到了点子上，并没有出现硬碰硬、死顶牛的情形。如果李强据理力争，说话不留余地，这样，好的结果不但不会出现，势必还会遭到同事的抱怨。

使用“负面渲染”的方法虽然能够增强说服力，但是，在运用的时候，有一些方面还是需要注意的：一是当事人的态度要友善，不要敌视；二是要向对方讲清事情的后果，说明其中的道理，不要胡搅蛮缠；三是“负面渲染”的时候，程度要适中，不能太过分，否则会弄巧成拙。

“红脸”与“白脸”要打好配合

在中国传统戏剧中，一般把忠臣（好人）扮成“红脸”，而把奸臣或者坏人扮成“白脸”。后来，人们就用“红脸”代表好人，用“白脸”代表坏人。但是，更多的时候，是表示在做一件事情的时候，有的说好话，有的说坏话，这种情况被说成“有唱红脸的，有唱白脸的”。

当今社会，人们把由于表扬与批评所起的心理效应，称之为“白脸、红脸效应”。“白脸”实际上就是指批评，它是从负面去禁止一个人的消极行为；“红脸”实际上指的就是表扬，它从正面去激励人的积极性。事实证明，这种批评与表扬的心理效应是十分明显的。

公司新购置的一台设备出现了质量问题，如果退货，会因为一时买不到同类产品而影响到公司的其他业务。公司领导打算扣掉供应商的部分货款，这件事情最终落到了罗西和罗宾的身上。

他们两人在研究如何去办理此事时，罗宾说：“谈判的重要技巧是进两步退一步，我们先坚持退货，这是进两步，然后再说不退货也行但要扣除部分货款，这是退一步。”

罗西表示赞同，说：“这主意不错！”

罗宾接着说：“谈判的重要形式是有人唱红脸有人唱白脸，唱红脸的人坚持退货，唱白脸的人中间调和，避免谈判陷入僵局。”

罗西问：“咱俩谁唱红脸？谁唱白脸？”

罗宾说：“你这人一说话就容易激动，就唱白脸吧。我比较淡定，就唱红脸吧。”

分配好各自扮演的角色之后，与供应商的谈判就开始了。罗西坚持退货，做出毫不妥协的样子，没几句话，便和供应商争执起来。罗宾在一旁不住地劝解说：“慢慢商量，不要伤了和气。”

吵了一阵后，罗宾对罗西说：“你先出去冷静一下，这件事交给我办。”

罗西唱红脸的任务完成了，在楼道里闲逛。过了很长时间，才见供应商和罗宾走出来。走在前面的供应商用白眼球翻了罗西一眼，走在后面的罗宾则小声对他说：“按咱们的方案谈好了，今晚供应商请客！”

每个人都喜欢听好话，这种好话能使人产生快感，心情舒畅，不存戒心。批评犹如“火炉”辐射的热量，它提醒人们现在这样的态度与行为是错误的，必须纠正，不能再去做。公司中，主管的职责不仅仅是唱好“白脸”——纠正员工错误的行为，而且还要唱好“红脸”——发现好的行为及时给予表扬。只有红白兼顾，才能取得最佳效果。

有个很有名的厨师，他的拿手好菜是烤鸭，深受顾客喜爱。可是，他从来都没有从老板那里获得过任何的鼓励，这使得厨师整天闷闷不乐。

有一次，老板有贵客来访，在家设宴招待贵宾，招呼厨师露一手。酒席上，当老板夹了一条鸭腿给客人时，却找不到另一条腿，他便问厨师，“另一条鸭腿哪里去了？”

厨师说：“老板，我们家里养的鸭子都只有一条腿！”老板很诧异。饭后，老板就跟着厨师到鸭笼去看个究竟。由于是晚上，鸭子正在睡觉，每只鸭子都只露出了一条腿。厨师指着鸭子说：“老板，你看我们家的鸭子不全是一条腿的么？”老板举手拍掌，吵醒了鸭子。鸭子被惊醒后，都站了起来。老板说：“鸭子不全是两条腿吗？”厨师说：“对！对！不过，只有鼓掌拍手，鸭子才有两条腿啊！”老板恍然大悟。

作为主管，很多时候，可能已经习惯了在下属面前惜言如金。只有当他们犯了错误的时候，才会指出并责令其改正，而对好的行为却闭口不谈，这对他们是不公平的。主管的职责不仅仅是纠正员工错误的行为，而且还要发现好的行为及时给予表扬。只有红白兼顾，才能取得最佳效果。

一位主管找到总经理，说："我想我会丢掉自己的这份工作的……"原来，有40位顾客都想买一种灯泡。"我们卖光了，"他说，"但我想尽办法总算弄到了。"

总经理问："你是怎么做的？"

他说："我打电话给我们区内所有家居仓储分店，请求从他们那里拿一些灯泡，可是他们都不肯调货给我们。不过，我知道哪些商店有这些灯泡。随后，我去了那些商店，用我们家居仓储的信用卡买下了这些灯泡。然后，我把这些灯泡带了回来，卖给了我们的40位顾客。"

这位主管得到了什么？第二天，全公司的人都看到了一封祝贺信，主管得到了最高领导的赞扬。

好言一句贵如金。一句赞扬，一次鼓励，可以救起一个人的自信、尊严和灵魂，也可以救起他们背后的一个世界。

在企业中，常常会看到两个主管一个慈爱一个严厉，被称为红脸与白脸的配合管理。红脸与白脸搭配得当，对于改正员工错误，提高员工效率有着积极的作用。但是，如果使用不当，只会让好事愈来愈少，坏事愈来愈多。那么，如何配合，才能唱好红脸白脸呢？

1. 一起配合共事的时候，管理者要有共识，要知道这样做的目的及要达到的效果；

2. 对事不对人，双方必须心胸宽广、相互理解、相互欣赏；

3. 在管理下属的时候，要根据部属的个性，对症下药，否则只会适得其反；

4. 白脸最好是上级领导，红脸最好是执行阶层，这样更能快速有效地开展工作；

5. 红脸每次都要给部属一种震撼，让他们从你身上看到了强硬、无情但不失人性，最终让部属从内心深处认识自己错了。

◎ 第五章

摆摆事实，讲讲道理

——罗列理由说服法

说服，不是压服，总需要摆事实、讲道理来进行论证。理由是指事情为什么这样做或那样做。在说服的过程中，要将其中的理由告诉对方。在说服的过程中，理由是关键。理由充分，可以增加说服力。

“理”多是好事，“理”多力量大

根据美国的一项数据统计显示：在美国，每个月约有80万左右人需要换工作。这些“跳槽”者，把换工作看成是寻求自我提升与突破的有效渠道，认为“变”才是最安全的，才不易被竞争大潮淘汰。

在我国，“跳槽”现象在职场中盛行，很多年轻人会蠢蠢欲动，摩拳擦掌地寻找新的工作方向。

春节马上就到了，为了让自己在未来的一年里获得好彩头，有几个同事已经在给自己物色新的东家了。虽然这些小动作都是个人在私下里进行的，可是，李丽还是觉察到了其中的味道。在同事的影响下，李丽也蠢蠢欲动。

吃饭的时候，李丽对老公说：“我想换换工作。”

老公听了，以为李丽在开玩笑，头也没抬一下，说：“换工作？可以啊！说说理由。”

李丽说：“首先，我都在公司工作两年了，可是，工资一点都没有涨。我和老板交流过，可是，没有通过。”

老公说：“穷则思变。老板不加薪，自己加！如果新工作的薪水比现在的公司高，可以换换。”

李丽接着说：“其次，我们公司没有良好的企业文化，工作环境也一般。两年了，公司都没有给我们举办过培训。”

“是，这也是个理由！这对你以后的发展没好处。”

“第三，在公司，我感到很压抑，无法发挥自己的优势，晋升空间太小。

我想找一个可以施展拳脚，至少有晋升可能的公司。”

“嗯。理由充分！”

“而且，我的上司刚愎自用，太过情绪化，我真的很想跟他狠狠吵上一架，然后挥一挥衣袖，说一声再见。”

“遇到这样的上司，是很辛苦的。炒老板的鱿鱼，未尝不是一种解脱的方法。”

“第五，我们的工作内容安排得非常不合理。”

“是，我也感觉到了。你们不是加班，就是加班，而且还没有加班费，呵呵。”

“综合这几点，我就打算重新找一份工作了。”李丽看看老公。

“看来，你工作确实不顺心，想换就换一个吧，我也帮你留意！”

为了获得丈夫的支持，李丽罗列了一大堆理由。在众多的理由面前，李丽实现了自己的“跳槽”愿望，而且，还获得了老公的支持。所以，要想成功说服对方，可以将自己的理由多陈述一些，“理”多力量大！

王鹏和李俊是好朋友，两人只要一凑到一起，便会天南海北地讨论一番。一天，两人又见面了。

王鹏问：“你知道天是什么颜色的吗？”

李俊就按照课本上教过的常识，回答说：“天是蓝的。”

然而，王鹏却说“天是黄色的”，接着便为了证明自己的观点罗列出了一大堆的理由。李俊想一想，觉得有些道理。

星期二，在课余时间，王鹏又问李俊：“天是什么颜色的？”顺着上次讨论的思路，李俊回答说：“天是黄色的。”然而，王鹏又罗列出了一大堆根据，证明了“天是红色的”。

星期三，中午放学的路上，王鹏又和李俊讨论“天是什么颜色的”。李俊被搞糊涂了，近乎讨好地说：“天是红色的。”可是，答案还是不正确！王鹏又罗列出了一大堆根据，证明了“天是黑色的”。

星期四，一大早，当李俊看到王鹏向自己走来，又要讨论“天是什么颜色”时，李俊落荒而逃了。

王鹏的一番“道理”虽不能服人之心，却也能胜人之口。李俊不得不莫名地感叹：“好厉害的嘴呀！怎么说都是他的道理。”为什么李俊会被王鹏说服呢？原因是，不论王鹏提出了什么样的观点，他都能罗列出一堆“理由”来。

在说服对方的时候，我们应先做好一项准备。这项准备就是尽力搜集支持你的看法或建议的理由。没有充分的理由，再信任你的人也会犹豫不决；反之，有了充分的理由，原本无动于衷的人也会被你说动。

史建兵非常喜欢自己的女友，打算向自己的女友求婚。为了表达诚意，他花了一夜的时间，写了一份关于求婚的理由。上面罗列了上千条的结婚理由，比如：

第一眼见到你的时候，我就喜欢上了你。

我写过好多好多的信给你，这代表了我的真心。

我想在快乐时与你分享，悲伤时与你同在。

我喜欢陪你到菜市场买菜。

我喜欢被你欺负。

你的声音令我感到心安。

我常常梦到你。

……

女孩看完了信，就答应了他的求婚。

这就是充分利用了罗列理由的方式，累积成千上万的理由来打动对方的绝妙应用。

在这里，人们要注意的是，有的理由能够使你的意见（或看法）增强说服力，但有的理由也会有损你的意见（或看法）的表达。研究表明，利用可信度高的证据能增加你的可信度；援引不正规的来源的不相关的证据会降低可信度。

有出处的证据的说服力强得多。使用新的证据大有好处，新鲜的证据更有说服力。人们根据各自的态度观点来理解证据，不管你的证据质量如何。证据在与对方的信念相一致时更具有说服力。最后，在你拿出自己的论点的时候，你得让对方参与进来。假如各说各的，说服力就会很差。

说服，不是压服，总需要摆事实、讲道理来进行论证。专家认为，与人辩论时，搜集论据可以从四个方面着手：

必需：必需是指论证己方论点或反驳对方论点必不可少的论据材料。它是与己方论点相关的论据，即由此必然能推导出己方论点的论据，或由此必然能推倒对方论点的论据。

真实：真实是论据的生命，只有真实可靠的论据才能证实己方论点的正确。无论是事实论据还是理论论据，都要核实无误。论据如果失真，则很有可能反为对方所用，这种利害关系不言自明。

典型：论据能否有力地论证点，关键在于是否典型。所谓典型的论据，是具有代表性的反映事物本质的论据。这样的论据说服力很强。

新颖：新颖的论据令人耳目一新，能吸引人，收到出奇制胜之效。因此选用新颖的论据，在论证中可以起到事半功倍的效果。

烂笔头有时比嘴皮子更有影响力

采用“读”的方式的时候，因为可以随时停下来思考，所以，文字的影响力可以在无形中增加。与“口头表达”相比，文字表达在“说服力”上更胜一筹。当人们在遇到重大事件要进行说服时，可以思考一下，除了“口头表达”之外，是否可以运用“白纸黑字”来助一臂之力？

在罗列理由说服对方的时候，人们经常会采用文字表达的方式。与“口头表达”方式比较起来，文字表达在“说服力”上会更胜一筹。

文字具有很多的优点：可以反复检查纸上的内容，不容易犯错误；可以让当事人做出最好、最完整的表达；通过文字，可以让对方清楚地知道每个字、每句话的意思；可以避免对方的不当干扰；有些事情是难以启齿的，可以通过文字的形式表述出来；可以作为日后检讨或回顾的依据……

与“口头表达”相比，文字更能跨越时间、空间的限制，不仅可以清楚传递给对方，而且还方便留存、传阅，因此，更能产生深远的影响力。所以，当人们在遇到重大事件要进行说服时，可以运用文字的力量来助一臂之力。

有些人会在报纸刊登声明，希望引起最多人的共鸣或注意。以下总经理撰写的“给全体员工的一封信”，便是使用文字威力的有效例子。

全体员工：

今天，我以十分沉重的心情给大家写这封信，目的是想更加清楚地告诉大家，目前我们面临的经济形势，我们企业的经营状况及我们要采取的对策。希望大家能够提高认识、增强信心，与企业同舟共济、共渡难关。

大家平时从新闻上都能看到，由美国次贷危机引发的金融危机，已经延伸到实体经济。我们经常能看到关于一些企业倒闭，一些人员失业的报道。大多数企业的订单比往年减少30%，甚至50%。我们已经实实在在地感受到了冬天的来临，并且，目前还只是初冬，严冬有可能是明年，也可能是后年。

我们企业的形势又是怎样的呢？既然我们企业存在于大的社会环境之中，就不可能在这场危机中独善其身。我们目前的情况是：需求萎靡、出口受阻、订单不足、效益滑坡，企业经营风险正逐步放大。

“冬天并不可怕！可怕的是我们没有准备！可怕的是我们不知道它有多长，多寒冷！谁的准备越充分，谁就越有机会生存下去。”那么，我们企业怎么过冬呢？我认为应该做好以下准备工作：

1. 增强信心

“创业艰难百战多”，二十年来，我们经历了多少大风大浪，我们都越过了急流险滩，最终化险为夷，这说明我们具备了一定的抗打击能力。

2. 团结一心

没有团结战斗、顽强拼搏的员工，就没有我们的今天。在此危急存亡之秋，我们更要发扬以往的风格，心往一处想，劲儿往一处使，团结得像一个人，共体时艰、共同面对、互相协作、携手渡过难关。

3. 把企业利益放在第一位

企业是我们的根本。危机当前，我们每个员工，都要把企业利益放在第一位，在万不得已时，我们不得不精简机构、裁减人员。面对被裁人员，我们徒唤奈何，我们别无选择。可是，为了企业，我们不得不这样做。

各位同事，在此关键时刻，希望大家树立全局意识，坚定信心，团结一致，积极面对，在各自的岗位上做出更好的业绩……

一封信，胜过口头的千言万语。写一封不同凡响的行销信，把行销用语转化成有意义、有说服力的信，以及把行销过程融入短短的一封信里的技巧，是完成行销绝对必要的手段。

有人说，用短信、微信、电子邮件，不行吗？也是可以的。用短信销售时，建议最好是一个人一封短信，开头写他的名字，中间是他的事，结尾写你对他的特殊祝福。不要写一个通发的短信，像广告传单似的，那么收件人肯定会不高兴。

张总在海南开了6家典当行。他的业务伙伴给他写了一封信，写得很好，他自己在办公室时看了一遍又一遍，效果自然就不用说了。

试想，如果写信人是站在他面前，难免会有点儿压抑感，就不像看信那样入心了。写信，可以通过文字让一个人展开想象的翅膀，浮想联翩。如果对方是一个感性的人，效果就更为明显了。

尽管文字具有说服威力，但需要较多的准备时间，也会因为错失最佳的时机而影响其说服力。因此，如果能够挑选正确的使用时机与对象，将更能发挥文字的说服力量。

1.“阅读型”对象

在现实世界中，有些人就是喜欢用眼睛阅读信息；有些人则不喜欢阅读，反而比较喜欢用耳朵听。如果你要说服的对象属于“阅读型”的人，那么这就是使用文字的最佳时机。

2. 对方没有时间听你说话

在这种情况下，你可以运用文字的方式，将你的想法有逻辑地写下来，以信件、公文或电子邮件的方式送给对方。对方可能会在事情告一段落（或情绪平稳下来）之后，重新考虑你的意见或想法。

3. 说服对象众多，没有特定对象

假如你要说服的对象是各公司的成员，这时使用文字将比“口头表达”更有效率、更有影响。

同样的理由，多说几遍

“冰冻三尺，非一日之寒”，一个人的看法、想法和做法，都不是一天形成的，而是随着本人的成长一点点积累起来的。很多时候，即使我们的看法是对的，我们的意见是正确的，而且，是对对方有益的，被说服者也完全有可能不接受它。

1995年，“白加黑”上市之后，仅仅用了半年的时间，销售额就突破了1.6亿元，在拥挤的感冒药市场上分割了15%的份额，登上了行业第二品牌的地位。这种“白加黑”的震撼，在营销界产生了强烈的冲击。

在广告公司的协助下，“白加黑”确定了干脆简练的广告口号：“治疗感冒，黑白分明。”所有的广告都在传播这样的一条核心信息：“白天服白片，不瞌睡；晚上服黑片，睡得香。”

这则广告选在了电视的黄金时间插播，收到了良好的效果。通过反反复复的宣传，不管是大人，还是孩子，都知道了“白加黑”，而且还知道了这种药是一种感冒药！

“白加黑”是个了不起的创意。表面上看起来，它很简朴，只是把感冒药分成白片和黑片；实则不然，它不仅在品牌的外观上与竞争品牌形成很大的差别，更重要的是，它与消费者的生活形态相符合，达到了引发联想的强烈传播效果。经过反反复复的广告宣传，“白加黑”的广告深入人心，就这样，销售额实现了上亿元的突破……

广告理论家赫伯特·克罗格曼认为，一个人只要接触某一广告三次，就能确保广告会对他起作用。“白加黑”靠着独特的广告模式，将简练的广告词深深地印在了消费者的头脑中。大量的广告信息告诉我们，信息重复是成功说服的根本所在！

据心理学家测验：人们接受外来信息的途径，按比例分为：视觉占 83%，听觉占 11%，嗅觉占 3.5%，触觉占 1.5%，味觉占 1%。因而，要想说服一个人，首先要注意说服的直观性。要用具体的描述来增强人的感知，引起对方的注意，勾起别人的回忆。如何通过反复强调，加深说服对方的印象，增强他的感知，这就要涉及说服的技巧问题了。

凡是做说服工作的人，都应该注意重视关于信息重复的这些研究结果。这是经验之谈，不要期望你的信息第一次发出就被对方接受；你的信息起码得发三次，而且只要有可能，就应该将其充分展现。

一个人在认识事物的时候，首先要有正确的感觉和知觉。有了这些，才能产生印象，才能进入正常的想象和思维，也才能接受你的观点。这就要求说服者在说服的过程中，要尽可能地反复强调自己的看法（观点），增加论证，给被说服者留下深刻的印象。

有时候，我们会怀着一片热心找对方帮忙，对方本来是可以办到的，但是他却找出很多理由来拒绝你，让你无能为力、无可奈何。碰到这种情况，有些人往往会打退堂鼓，撤回去了事。但是，也有一些人，抱着不达目的誓不罢休的姿态，反复强调自己的观点或看法，直到对方被他说服。

妻子想说服丈夫购买一台液晶电视机，换掉这台旧的。可是，和丈夫说了几遍，丈夫都没有答应。

这一天，妻子不耐烦了，破口大骂：“我说买一台就买一台，下午我就去买。”

丈夫生气了：“不换！有钱烧的！”

“跟你说了这么多次了，怎么总是这样？”

第二天，妻子下班回来，说：“明天是星期天，明天早上我们去。”

丈夫没有办法，只好答应了。

经过妻子的反复强调、再三坚持，丈夫最终同意了购买一台液晶电视机。妻子之所以能得偿所愿，就是在于她坚持自己的想法，反复强调自己要买的产品，让本来毫无兴趣的丈夫记住了这件事，并且最终说服了他。

说服别人的时候，要有耐心，绝对不能因为一次的失败就放弃。很多时候，说服本来是可以取得更好的效果的。如果说服者表现出过早的失望，只能使本来很可能更有利的局势毁于一旦。如果反复多强调几遍，很可能会出现柳暗花明又一村的结果。

作为说服者，要永远记住一条规则，那就是：不到最后的时刻，不要放弃你的说服目标。

事实最能让人信服

很多时候，当一种观念在一个人的心里驻留很长时间的时候，外人是很难用话语将它改变的。这时候，要想改变一个人对一件事的看法，就要找到与他观念相悖的事实，自然而然地引入这个事实，并在时机成熟时阐释它、发挥它，使之真正成为你的有力证据。

事实胜于雄辩！事情的真实情况比强有力的辩论更有说服力。

古尔本来是一家证券公司的一名微不足道的办事员，每周只能领到 10 美元的薪水，可是，后来，经过他的不懈努力，最终成了这家证券公司的老板。

做了老板之后，古尔才发现，原来老板并不好当，每天都得面对各种各样的问题，而且，都得想办法解决。这时候，经常会有证券销售人员跑到他的办公室，抱怨没有人买他们的证券。每当发生这种情况的时候，他都会对这些人员进行积极的鼓励。

一天，一名销售人员来找他诉苦：“真是太难了，怎么就没有人买我的证券呢？”

古尔没有争辩，只说了一句：“戴上你的帽子，我们一起出去吃点什么吧。”

销售人员跟在古尔的身后，走了出去。可是，古尔并没有将这个人领到附近的哪一家饭馆，而是将他领到了一座高耸的建筑前。销售人员知道，站在这座高层建筑的顶端，可以对下面的景色一览无余。

他们两人一起爬到了最高层，站在窗口往下看。古尔向下面看了一眼，对销售人员说：“你看！下面一共有 600 万居民，他们的总收入有几十个亿。这些人正等着人去告诉他们如何才能最好地利用自己的积蓄，好好看看吧。”

“是吗？”销售人员低头看了一下。这个场景他不只一次地看到过，每次有了烦恼的时候，他也会来到这里，站在最高的位置，可是，从来都没有想到过“600万居民、总收入几十亿”。但此时，销售人员眼前一亮！

用这种方法，古尔让自己手下的销售人员无一例外地重新打起了精神。后来，古尔通过自己的努力，当上了美国最大的一家银行的董事长。

面对意志消沉的销售人员，古尔不是只用语言来进行鼓励，而是把事物都摆在他们面前，让他们用自己的耳朵听，用眼睛看，让他们自己去分析事实的真相。

交谈的过程中，谁掌握了更多的事实和信息，谁就会拥有说服的主动权。古尔深谙个中的道理。他以翔实有力的客观事实，论证自方的立场和观点，使对方信服和让步。当销售人员体会到眼前的利益的时候，积极性也就被调动了起来。

很多时候，我们都有说服别人的需要。面对一个个较难说服的对象，可以多提供一些事实。在事实面前，人们一般都会相信的！同样的办法，也被“建筑之王”希尔用过。

开始的时候，希尔只是一个小的建筑承包商。希尔为自己争取着一次又一次的机会，创造着建筑业的奇迹，可是，由于管理不善，终究还是破产了。

希尔听说圣保罗城至太平洋沿岸要进行铁路建设，他知道，这次机会对自己来说非常重要。如果将这次机会逮住，自己就会借此翻身。

通过自己的不懈努力，希尔终于争取到了这个项目。为了给自己寻得足够的资金，他想到了大银行家斯蒂芬。

希尔带着资料，敲响了斯蒂芬办公室的门。当他将自己的想法告诉斯蒂芬的时候，没想到却得到了这样的回答：“这条铁路将延伸到广袤偏僻的草原上，在这样荒凉的地方，根本就没有办法运营铁路，我毫无兴趣！”

希尔费尽了口舌，可是，斯蒂芬始终都没有答应向希尔提供贷款。为了说服斯蒂芬，希尔决定用事实说话。

一天，希尔将斯蒂芬拉上了一辆通往西部的火车。到达终点站之后，斯蒂芬发现，四周聚集了很多人，由于火车行到这里就结束了，各种运输车辆把小路挤得满满的。

看到这么多的人，斯蒂芬兴奋起来，在他的脑海中甚至还出现了一幅到这里大移民的情景。这时候，他改变了自己的想法，友好地和希尔握握手，主动提出要与希尔合作。

为了说服斯蒂芬给自己提供贷款，希尔将他拉到了现场。面对现场拥挤的人群，斯蒂芬看到了机会，也看到了利益，终于答应了希尔的要求。这个案例再一次证实了，用事实说话的好处。

俗话说："耳听为虚，眼见为实。"最容易引起他人注意、加深对方的印象，并使人不会忘记的，莫过于将实物展现在人的面前。不管是在提议，还是在劝告，让事实说话总是打动他人的最简单的办法。

一家集团公司招来刚从国外回国的方女士担任公司的技术总监。入职一个星期之后，集团总裁李先生约见了这名新技术总监。

"已经有一个星期了，集团的基本情况你应该有了一定的了解，还有什么问题吗？"李先生开门见山。

看到总裁如此的直爽，方女士也直言不讳："我刚从国外回来，自己又没有什么背景，而且还是一名年轻女性，就怕其他人不服气……"

总裁想了想，觉得方女士的顾虑是可以理解的。为了打消方女士的顾虑，李先生给秘书台打了电话。五分钟之后，三位女职员来到了总裁办公室。

李先生给她一一介绍："张小姐是人事部的经理，庄女士是宣传部职员，另一位是我太太的侄女儿。她们几个都是从国外留学回来的，入职时间都不到两年。在我们集团的规章制度里，有这样的一条：男女员工地位平等。你大可放心，没有人会歧视你的。"

方女士信服了！

如果没有三位女士在场，以事实作证，方女士未必会相信李先生的话，也就更不会去除偏见，打消顾虑，积极主动地投入到工作中去了。总裁想到了这一点，他没有高谈阔论，而是以事实为据，为方女士解除了疑虑。

要想赢得他人的注意，成功说服别人，最简单的方法就是把实物摆在他人面前，事实最能让人信服。

越明确的数字资料，越能给人信任感

数字是最简单的，因为所有的数字无非都是由“一、二、三、四、五、六、七、八、九、十、百、千、万”组成的。同时，数字也是最深奥的，它拥有非凡的说服力，能给人一种真实、具体的感觉，可以让对方在脑海里形成清晰的图像，产生意想不到的效果。在说服的过程中，如果懂得巧妙地运用数字，一定会取得事半功倍的效果。

贝拉·伯朱格是一位来自纽约的女国会议员，为了呼吁在政治生活中给予妇女以平等的地位，她在1922年进行了一次演讲。她的演讲中有这样一段话：

“几个星期前，我倾听了总统对全国人民发表的讲话。当时，在我的周围落座的有700多人。我看了看手中的资料发现，虽然政府要员一共有700多名，可是，女性却只有12人；虽然众议员一共有435名，可是，其中的女性却只有11人。而且，在内阁和最高法院中，都没有女性。”

贝拉·伯朱格用这些具有鲜明对比的数据说明了她的观点。不管别人是否赞成她的观点，在这些确凿的数字面前，人们都不得不承认，在国家的政治生活中，确实存在着严重的性别歧视问题。这就是数字的力量，这就是铁的事实，比任何苦口婆心的劝说更有说服力。

当今，我们每天都能在第一时间接收到来自世界各地的重要消息。如果有人告诉你：有些电视节目会对青少年的身心健康产生严重的危害，也许你会点头称赞，但是你能真正重视起来吗？如果将一些具体的数字摆出来，相信你的反应就不会那么平静了。

一次，学校召开家长会。这次会议的主题是“让孩子远离电视、远离暴力！”为了进一步阐明自己的观点，学校给所有的家长播放了一段视频，是一篇《纽约时报》曾经刊登过的一篇文章，讲解员解释说：

“调查表明：在1—12年级的青少年学生中，约有1万多人是在听摇滚音乐中度过的，这比他们在校的全部时间只少500个小时。

“有人做了一次普查，平均每位观众一年中从电视节目中可以看到9万个表现性行为的镜头。暴力场面更多！

“一个高中生到毕业时，观看电视的时间长达2.2万小时，相当于他们课堂学习时间的2倍。在这2.2万小时里，可以看到1.8万次的谋杀……”

看到这样的视频，听到这样的信息，家长们惊恐万分。他们没有想到，在自己的孩子周围存在着如此多的不安全因素。虽然说，这些数字并非来自于我国，可是，面对同样的孩子，面对同样的问题，家长们还是嘘唏不已。

这些具体化了的危害结果比任何笼统的说辞更能激起家长对这件事情的关注。因此，不管是在何种场合，如果想成功地说服对方，都要有针对性地穿插一些数据。

如果你对数字的力量还表示怀疑，那么，看一下下面的这两份重点高中的招生简章，从中我们可以发现一些问题：

简章一

本校是省立重点中学，师资力量雄厚，校风严谨、务实，校园环境幽雅，是您理想的选择。今年计划招生200人，要求……

简章二

本校高中毕业班今年考上重点大学455人，其中升入清华大学79人、北京大学97人；考上专科学校313人……本校有资深教师278人，其中152人获得全国优秀教师称号；本校拥有全国最先进的教学实验室和多媒体教学设备……进入本校就等于一只脚迈进了清华北大……

比较这两则招生简章，我们可以发现：“简章一”中，只出现了一些“重点”、“务实”之类的词语，这些是很难激发学生想进该校的强烈愿望。看了“简章二”，很少有学生会无动于衷的。显然，第二份招生简章更具有说服力。这就是数字的说服力量。

生活中，很多人都在巧妙地利用数字的技巧，比如写字楼出租。为了吸引租客，很多业主都会打出“每天每平方米仅 2 元”的广告，就是运用了这种技巧。面对这样的广告，很多人都觉得是捡了个大便宜，可是，不算不要紧，一算吓一跳。实际上，要租这些写字楼，算起年租来，价格是相当高的。如果客户并没注意到年租，在一种划算的错觉下签下租赁协议，一定会后悔的。

表达具体化，描述细节化

具体化描述是增加说服力的重要技巧，它能让对方在自己的头脑里浮现出一个你所描述的画面或图像，进而充分感受到你所传达的意境。要想给对方留下深刻的印象，除了利用实物和数字之外，还应该对你的理由进行较为具体化的描绘。

三个月之前，小刘和小李同时被公司聘用，进入了公司的销售部门，试用期为三个月。

三个月之后，老板决定找他们聊聊。老板先找到了小刘，问："小刘，你觉得自己最近的业绩怎么样？"看到老板找自己聊天，小刘很紧张，便说："嗯！还不错！"听了小刘的回答，老板没说什么就走开了。

接着，老板又找到了小李，问："小李，最近业绩怎么样？"小李回答说："我这个月的业绩目标是50万元，已经完成了46万元，剩下的4万也已经有目标了。"老板对小李的回答很满意。

第二天，公司正式宣布小李转正为正式员工，小刘试用期不合格，遭辞退。

小李在回答的时候，巧妙地运用了数字，听起来较为"具体"，也就更能令人信服。这正是老板所想要的。而小刘则用比较含糊的词语，回答了老板的提问，这就决定了小刘的被辞退的结局。

具体化描述能有效地增强说服力，一般来说，在使用这种方法进行描述的时候，要尽量将事情的原委说明白，将关键的要素说清楚，比如：为什么、在什么地方、什么时间、什么人、结果怎样等。这里就有一个具体化说法：

“每年暑假，我和妻子都要带着儿子回承德老家看望父母。最重要的是，那里空气清新、景色迷人，是适合全家度假的圣地，每次我们都玩得好开心！如果是自己开车的话，还可以沿途在几个地方停留，充分享受度假的乐趣。选择这样的休假方式，既可以看望父母，又可以让我们的身心获得放松，真是一举两得啊！”

这种说法中，不仅指出了为什么、在什么地方、什么时间、什么人、结果怎样等情况，还强化了“孝敬父母”、“身心愉悦”的具体情形，这样的陈述方式当然也就更具有吸引力和说服力了。

暑假里，李先生带着自己的家人去了新加坡。回来之后，他让自己的儿子和女儿谈谈自己的感受。

女儿年龄比较小，什么事情都要抢在前面做，她说：“这次旅游，我觉得很好玩，有很多的收获，所以我觉得旅游真的可以增加见识，确实是百闻不如一见。”

儿子是哥哥，总是让着妹妹，所以，也就没说什么。听了妹妹的回答，他说：“这次旅游，我觉得很好玩，我发现新加坡人口少，民族多元化，但是大家相处得非常融洽，人民勤奋，生活又有规律，难怪整个国家那么先进……所以，我觉得旅游真的可以增加见识，确实是百闻不如一见。”

听了儿子的回答，李先生满意地笑了笑。

儿子将具体的理由陈述了出来，听起来让人信服，增加了说服力。

其实，想要达到“具体化”的目的，并没有绝对要求具备哪几个特定的具体化因素，但如果能够多加运用，将能更有效地传达自己的理念，提升说服效果。

提炼精华，废话连篇会遭嫌弃

法国大作家雨果说："语言就是力量。"一个人的好口才，可以让对方为之折服而赢得成功。在利用众多理由来说服人的过程中，一定要注意说话简洁，语言精练，绝不能是一箩筐的废话。

马克·吐温是著名的小说家，一个人问他："演说时长篇大论好呢？还是短小精练好呢？"马克·吐温没有正面回答，而是给这个人讲了一个有趣的故事。

一天，马克·吐温去了教堂，正好赶上一位慈善家在演讲。这位慈善家正在给人们讲述非洲人的苦难生活。

听了5分钟中之后，马克·吐温捐助了50美元；听了10分钟之后，他将捐款减少到了25美元；半小时后，他将25美元变成了5美元。

一个小时之后，慈善家讲完了，拿起钵体向在场的人接受捐助。当走到马克·吐温身边的时候，马克·吐温反而从他的钵体里偷走了2美元。

马克·吐温本来是想捐助50美元的，可是，最后却偷走了2美元，乍一看起来，似乎有点不近人情。但仔细想想，慈善家的滔滔不绝确实严重地耽误了大家的时间。只需5分钟就可办好的事情，却用了一个小时，以至于造成了两种完全不同的结果。这种啰唆的风格，怎么能不引起听众的反感呢？

古语云："言不在多，达意则灵。"语言是传递信息和交流思想的工具，思想工作的技巧和表现手法主要体现在语言的运用上。讲话简练有力，能使人兴味盎然；相反，语言唠唠叨叨、不得要领，只会让人生厌。

说话的时候，高手会注意抓住问题的关键点进行说服，决不会空话连篇、啰唆重复、枝蔓芜杂、瞎聊乱侃……讲了半天，对方也听不出个所以然，只会害人害己，不但起不到应有的效果，反而还会损害自身的形象。

说服别人时，要“筛选”、“过滤”出最精辟的、恰如其分的表情达意的语句，尽可能以言简意赅的语言表达出深刻的内涵。这样才可能更快、更准确地说服别人。

军营里，一部分战士认为自己当了3年兵，为别人站3年岗，太亏了。这些人在工作上闹小情绪，影响了部队的稳定。

为了解决战士这一思想认识上的偏差，指导员决定给全连上一堂政治教育课。课上，他并没有讲什么大道理，只在黑板上写下了一个简单的对比数字：70：3。战士被吸引住了，竖起耳朵听指导员讲课。指导员解释说：“如果我们每人平均活70岁，你为别人站3年岗，而别人要替你站67年的岗，70：3，大家想想，谁亏呢？”

简单的数字一对比，道理不讲自明，战士“当兵吃亏”的消极认识自然也就消除了。

语言是促进人与人之间感情进一步融洽的润滑剂，是建立良好人际关系的基础，是沟通彼此意见的工具。简洁明朗的语言，内容精辟，道理深刻，可谓是百炼钢化为绕指柔。所以，高尔基也说：“简洁的语言中有着最伟大的哲理。”

一个善于交际和有着良好人际关系的人，多半是一个善于谈话的人。谈话确实有些技巧，讲话不得要领、谈话无精打采、总爱说让人扫兴泄气话的人，肯定不会得到好评。

林肯在当总统前，有人问他有多少个人财产。其实，在场的人希望得到的答案是：有多少美元、多少亩田地。

可是，林肯却这样回答说：“我有一位妻子、一个儿子，都是无价之宝。我租了一个办公室，里面有一张桌子、三把椅子、一个大书架。我本人又矮又瘦，不会发福。我实在是没有什么可依靠的，唯一的财产就是你们！”

生活中，常有人把说服力和伶牙俐齿画上等号，也有人认为要说服别人，一定要长篇大论，洋洋洒洒。其实，之所以要罗列理由，主要是为了给对方一个被说服的更充分理由。有的人为了卖弄才华，极力修饰语句，用重复的形容词，或穿插歇后语、俏皮话，甚至引用经典、名人语录，如果你没有专心听他说话，或许根本弄不清他到底在说什么。这样的说服只会弄巧成拙。

说话时，切记要说得精炼、简明扼要，在话未说出的时候，先在脑子里想好一个轮廓，抓住问题的关键点，将多余的废话都省略掉，然后，按照顺序一一说出来，千万不要东拉西扯，这样只会害人害己，不但起不到应有的效果，反而损害了自身的形象。

◎ 第六章

人人都有七情六欲，适时来点刺激

——刺激情绪说服法

情绪是身体对行为成功的可能性乃至必然性，在生理反应上的评价和体验。行为在身体动作上表现得越强就说明其情绪越强，如：喜会手舞足蹈、怒会咬牙切齿、忧会茶饭不思、悲会痛心疾首等等，就是情绪在身体动作上的反应，刺激情绪也是一种说服法。

感性点，煽煽情

人是情感动物，对感情尤为敏感。在说服别人时，一定要注意语言所负载的信息，除了理性信息之外，还有情感信息。这种情感信息的内涵十分丰富，它的功能不仅是要诉诸人的理智，而且要打动人的情感。

渴望同情是人的天性，如果你想说服比较强大的对手时，不妨采用这种争取同情的技巧，从而以弱克强，达到目的。

在说服过程中，话语中包含着众多的情感成分。这些情感成分会在传递观点、看法的同时产生出语言的魅力，起到一定的感染作用，从而取得圆满的说服效果。

伽利略年轻时立志在科学研究方面有所成就，因此，他希望得到父亲的支持和帮助。一天，他对父亲说："父亲，我想问您一件事，是什么促成了您同母亲的婚事？"

父亲说："因为你的母亲十分吸引我。"

伽利略又问："那您有没有娶过别的女人？"

父亲说："没有，孩子。家人曾经要我娶一位富有的女士，可是我只对你母亲钟情，况且她当时可是一位风姿绰约、令人倾慕不已的姑娘。"

伽利略说："您说得一点也没错，她现在依然风韵犹存。而您不曾娶过别的女人，因为您爱的是她，可是您知道吗，我现在也面临同样的处境！除了科学以外，我不可能选择别的职业，因为我喜爱的正是科学！其他事物对我而言，都毫无用途与吸引力！科学是我唯一的需要，我对它的爱，就如同对一位美貌女子的倾慕。”

父亲说：“像倾慕女子那样？你怎么会这样说呢？”

伽利略说：“一点也没错！亲爱的父亲，我已经18岁了！别的学生，哪怕是最穷的学生都会想到自己的婚事。可是，我却从没想过。因为别人都想寻求一位标致的姑娘当终身伴侣，我却只愿与科学为伴。”

父亲不说话了，只是静静地听着。

伽利略继续说：“亲爱的父亲，您有才干但没有力量，可是我却能兼而有之。为什么您不能帮助我达成自己的愿望呢？我一定会成为一位杰出的学者，并能获得教授身份。如此，我便能以此为生，而且比别人生活得更好。”

父亲为难地说：“可是，我没有钱供你上学。”

伽利略激动地说：“父亲，您听我说，很多穷学生都能领取奖学金，这些钱是公爵宫廷给的，所以我为什么不能去领一份奖学金呢？您在佛罗伦萨有许多朋友，交情也都不错，他们一定会尽力帮助您的。也许您能到宫廷去处理这件事，我们只需要请他们去问问公爵的老师奥斯蒂罗利希就行了，他了解我，知道我的能力！”

父亲被说动了：“嗯，你说得有理，这是个好主意。”

伽利略抓住父亲的手，开心地说：“父亲，求您尽力而为。我向您表示感激之情的唯一方式，就是保证自己成为一个伟大的科学家！”

伽利略最终说服了父亲，实现了自己的理想，成为世界著名的科学家。

伽利略之所以能够说服自己的父亲，是因为他巧妙地运用了“以情动人”的说话法，慢慢地让父亲不但理解了他的想法，而且支持了他的想法。由此可见，“以情动人”法在现实的沟通中是非常管用的。

现代研究证实，人的言行是由情感决定的，情感的号召力往往比理性的号召力大。在日常生活中，需要说服的情形很多，不管是在失意的时候，或是在需要支持的时候，为了让对方和你的想法同步，你常常要借助情感打动对方、说服对方。

有个男孩想让母亲为自己买一件新衬衫，一个简单得不能再简单的要求。但是，男孩子怕遭到拒绝，因为他已经有了一件新衬衫，于是男孩采用了一种独特的方式。

他没有像其他孩子那样苦苦哀求或撒泼耍赖，而是一本正经地对母亲说："妈妈，你见没见过一个孩子，他只有一件衬衫？"

这颇为天真而又略带计谋的问话，一下子打动了母亲。事后，这位母亲谈起这事，说到了当时自己的感受："儿子的话让我觉得如果不答应他的要求，简直有点对不起他，哪怕在自己身上少花点钱，也不能太委屈孩子了。"

一个未成年的孩子，一句动情的话就说服了母亲，满足了自己的需要。人与人之间，很难一开始就产生共鸣，所以必须先诱发对方与你交谈的兴趣，再经过一番深刻地交谈，让彼此更加了解。

"情自肺腑生，方能入肺腑。"就是说，说话人的感情一定要受到发自内心的充沛情感的支配，才可能产生感染力、影响力和号召力。当你尝试说服他人，或对他人有所请求时，不妨尝试着以情动人。

林肯在当总统之前是一名律师。有一次，一位老妇人找到林肯，诉说了自己的不幸，请求他帮助。老人是独立战争时一位军人的遗孀。丈夫战死后，她就靠不多的抚恤金维持生活。

这位烈士的遗孀照理应该受到好好照顾，但是负责管理抚恤金的出纳却欺侮她，在老人领取抚恤金时，要她交手续费，而手续费竟占去抚恤金的一半。

林肯听后很是气愤，他答应帮助老人起诉，维护老人的权益。法庭开庭后，被告矢口抵赖，而老妇人一方又没有任何证据。

林肯很清楚这次辩护的艰难，因为被告的勒索只是口头向老妇人提出的，既没证人，又没证物，在被告不承认的情况下，对原告一方十分不利。

轮到辩护方林肯发言了。林肯没有去指责被告的不道德，而是面对听众，用极富感染力的声调去描绘当年的独立战争。在说到那些爱国志士在冰天雪地中浴血奋战之时，他的嗓音哽咽了，眼里闪着泪花，把听众带到了对战争场景的回忆。很多人被他动情的语言所感染，有些人在暗暗地流泪。

这时，林肯说："现在这早已成了历史，一位1776年的英雄早已长眠于地下，可是他那衰老的遗孀却在我们的身边。可以想象，这位老人从前也是一位美丽的少女，曾经有过幸福的家庭。但她为战争付出了亲人，变得贫穷而无依无靠，只得向我们这些享受着先烈们争得自由的人们求助。朋友们，难道我们能熟视无睹吗？"

听众们被林肯的发言打动了，有的眼泪直流，有的表示要解囊相助，有的竟扑过去要撕扯被告。被告一时陷入了千夫所指的困境之中。在听众的一致要求下，法庭谴责了被告，并通过了保护烈士遗孀不被勒索的判决。

林肯知道自己没有足够的证据说服别人，可是，他没有就此放弃，而是选择了感性的方式，激起了人们对烈士遗孀的同情。

感情是人与人之间联系的纽带，在人际交往中，具有重要的意义。作为说服者，一定要将自己的情感融入到道理当中。即使对方对你的某些意见难以接受，你也要心平气和。你要用温和的心态，将事情向对方说清楚，用情理感化他们。

给他一个好名誉

在每个人的心中，都希望获得别人的肯定，这也是促使人类产生干劲的能源。如果懂得这种心理作用的意义，而且能够将其利用起来，即使是面对一些令人提不起精神的琐事（或麻烦的工作），也能激起一个人的干劲，也就很容易说服对方了。

不管大人还是小孩，都喜欢别人给自己一个美名，如果他们没有做到这一点，内心里也会朝此目标努力，因为他们知道这样就可以得到一个美名，获得他人的赞许。

有一所私立中学，在每年旅行时，学校总要分一些事情给学生去做，但历年来被选出的学生都没有兴趣，或根本不想去做。

这一年，又有这样的事情发生了。为了杜绝学生的拒绝心理，学校想了一个办法。第二天，学校开大会，在会上，这些选出来的学生被授予了“旅行委员”的头衔。

这些学生将这个头衔视为一种荣誉，结果，所有被选出来的学生都非常踊跃地参加了。

其实，在整个事件中，工作的内容完全不变，只是给这些孩子冠上了荣誉而已。从孩子的天性中，我们可以发现一点：当受到称赞时，他们是非常高兴和满足的。其实，他们并不一定具有我们所称赞的优点，而只是我们期望他们做到这点而已。

莎士比亚说：“假定一种美德。”你最好是公开地说，对方有你要他发展的美德，给他一个好名誉，他便会尽力去做，而不愿让你失望。所以，如果你要在某方面说服一个人，就要做得好像那种特点已经是他的显著特征之一，对其冠之于荣誉。

美国有一家全国性的卡车服务公司。这家公司的管理阶层发现，他们所送的货物中有万分之六会被送错地方，这使得公司每年要额外赔上25万美元的损失，为此，公司特别聘请一位博士作诊疗。

博士通过观察发现，这些送错的案子大多是因为该公司的司机看错送货契约所致。为了能一劳永逸地消除这样的错误，提高公司的服务品质，博士建议最好把这些工人或司机的头衔改为技术员。

一开始，公司觉得博士的建议有些奇怪，难道把职位头衔改一改就能把问题解决？难道这么简单就可以提高服务水平？

可是，没有多久绩效就出现了，在司机的头衔被改为技术员之后不到30天，先前万分之六的错误一下子便下降到了万分之一以下，也就是说，从此公司一年可以节省二十几万美元。

博士的这种头衔赞美法，让司机感受到“我和别人做的工作不大一样”。这样，即使工作的内容没有改变，薪水没有增加，也能使他们产生干劲。只不过改了一下员工的头衔而已，便大大地提升了他们的服务质量。

在现代社会里，以“头衔”作为诱导手段的处处可见。一个政治家可能拥有很多头衔，例如：他可能是XX公司的董事长或经理，又是XX学会的会长，因为拥有很多头衔，往往在竞争中处于有利地位。

戴尔·卡耐基曾说过，如果你希望改变其他人的态度和举止，请记住这条规则：“给他们一个美名，让他们为此而努力奋斗。”事实证明，如果对方得到你的尊重，并且你对他的某种能力表示认可，他就很容易受到指引。

我们有时会遇到一些不公正、不公平，甚至仗势欺人、恃强凌弱的事情，而弱势一方迫于种种原因，有话不便、不愿直说。这时候，可以采取一种戴高帽的方法，即故意给对方戴上一顶公平、公正、高姿态、高风格的高帽，造成一种“人言可畏、邪不压正”的心理压力，迫使强势一方改变主意，达到劝说的目的。

每个人都喜欢听好听的，所以，我们可以给他一个超过事实的美名，就好像是《灰姑娘》故事中的仙棒一样，点在她的身上会使她们从头到尾焕然一新。给他一个好名誉，他便会尽力去做，而不愿让你失望。所以，如果你要在某方面改进一个人，要做得就是给对方一个好的名誉。如果对方得到你的尊重，并且你对他的某种能力表示认可，他就很容易受到指引，说服他当然是件很容易的事了。

嘴黑一点，用“激将法”刺激对方

“激将法”就是故意正话反说，激起人的自尊需要，巧妙地达到劝服目的。希望受到别人的尊重是人的一种普遍的心理。你认为任务艰难，他偏说困难不大；你暗示他不能干，他说我能胜任；你说想另选能人，他却认为你瞧不起他，而毅然自荐……这都是维护自尊心的心理动因在起作用。

日本有一家生产咖喱粉的公司。有一段时间，这家公司的产品堆在仓库里卖不出去，眼看企业就要破产了。面对这一危机，大家都在想方设法进行促销，可是，用尽了办法，销售量还是上不去。

公司的经理一个又一个地进行着“替换”，这时，第四任经理走马上任了。其实，大家都清楚，自己的产品之所以会卖不出去，主要原因就是顾客不熟悉他们公司的牌子。

一天，第四任经理在办公室里翻看报纸，有一条新闻吸引住了他。这条新闻说：有家酒店的工人举行罢工，媒体进行了追踪报道，最后罢工问题圆满解决，原先不景气的生意，现在变得异常兴隆。第四任经理看着看着，突然明白了：这家酒店之所以生意兴隆，就是因为新闻媒体无意之中的炒作……

就这样，一个想法在他的头脑里形成了。几天之后，日本的几家大报都刊登出了这样的一则广告：本公司专门生产优质的咖喱粉，为了提高产品的知名度，决定雇数架直升机到富士山撒咖喱粉……这是一条令全日本人都感到震惊的消息。

广告一经刊出，国内舆论一片哗然。很多人都知道他们是在故弄玄虚，纷纷对他们进行了指责。在一片声讨浪潮中，公司的知名度大升。

经过这样的一番折腾，全日本的人都知道了有一家生产咖喱粉的公司。很多商家都纷纷投到他们的门下，大量订购咖喱粉。

“激将法”，就是利用别人的自尊心和逆反心理积极的一面，用“刺激”的方式，将对方的不服输的情绪激发起来，让其潜能发挥出来，从而得到不同寻常的说服效果。第四任经理巧妙地利用了这一点，让公司取得了辉煌的业绩。

“激将法”是一种在说服人的过程中经常使用的技巧。使用“激将法”，往往能够使对方感情冲动，从而去做一件他平常不愿意做的事。在选人用将方面，诸葛亮就非常善于运用“激将法”，来激励将士作战杀敌的勇气和智谋。

为了履行联孙抗曹的使命，诸葛亮首次下江东。

诸葛亮知道这件事情中的关键是周瑜，而且他也知道周瑜的性格，于是他使用了“激将法”。在和周瑜见面的时候，他对于时局一点都没有提及，却背诵了曹操儿子曹植的名篇《铜雀台赋》。因为诗中提到了“二乔”，而周瑜被诸葛亮误导，认为这里的“二乔”指的是孙策的老婆大乔和自己的老婆小乔。看到自己的老婆都要被人夺走了，周瑜火冒三丈。

周瑜听完之后，勃然大怒，最终决定要与曹操决一死战。

诸葛亮的“激将法”是成功的。纵观历史，除了诸葛亮，还有很多人都运用了这种方法。比如：为了扰乱前秦军队的阵势，谢玄派使者使用“激将法”，使苻坚下令后退；为了试探徐达的衷心，朱元璋采用“激将法”；纪晓岚经常对和绅耍“激将法”，让其摔了很多的跟头……“激将法”之所以会产生出如此大的效果，就是因为它激起了一个人的自尊心。

有一位天才教育家，擅长对付不喜欢练琴的孩子。在教孩子们练小提琴时，最容易碰到的难题就是孩子们不用功。这位教育家有一剂特效药，却能让大多数的孩子都自发地行动起来。这一特效药就是一句话：“我认为，这件事你一定做不好，因为你的技能比人家差，所以你才不想练习。”

这样的激发效果，不管是在大人身上，还是在孩子身上，都适用。所以，当你有某事需要他人替你代劳时，在适当的时机也可以用“你是因为能力差，不会做”来激发对方。这句话在一定程度上会刺激对方的自尊，对方为了挽回自尊，就算勉强也会做出来让你瞧瞧。

有一次，欧洲反法盟军侵犯法国，来势汹汹。法国军队迅速展开了一场激烈的防御战，拿破仑委派两个屡建奇功的军团担任了这项艰巨的防御任务。没想到，防御部队的士气都很低落，结果被打得落花流水。

拿破仑背着双手审视着逃兵，怒声传令：“集合！全体士兵统统集合！”垂头丧气的士兵们一个个都忐忑不安，小心翼翼地观察着拿破仑的一举一动。拿破仑将双手抱在胸前，在队伍面前踱来踱去，皮鞋叩打着地面的声音越来越响，震得残兵败将们一个个都心惊肉跳。

终于，拿破仑满怀悲愤地开始了自己的演讲：“你们不应该动摇信心，不应该随随便便丢掉自己的阵地！”看着士兵们惭愧地低下头，拿破仑猛然回头命令道：“参谋长阁下，请在这两个军团的旗子上写下这样一句话：他们不再属于法兰西军人了。”

这句话一出，全场一片哗然。把祖国的利益和自己的荣誉看得至高无上的士兵们，自然明白这句话的分量。他们羞愧难当，甚至有人表示：“统帅，您再给我们一次机会吧！我们要立功赎罪！”

拿破仑看到这个情景，不禁神采飞扬，当众振臂高呼：“对！早该这样了。这才是好士兵，这才是战无不胜的英雄！”

从那以后，面对反法同盟的疯狂进攻，拿破仑带着自己的部下进行了一场又一场的恶战。而这两个军团发挥出了超强的战斗力，攻无不克，战无不胜，多次重创敌军，建立了赫赫功勋。

当拿破仑看到士兵们一个个士气低落的时候，决定开除他们。而荣誉对于一个法兰西军人来说，是比生命都重要的东西。拿破仑正是抓住了士兵的这种心理，欲扬先抑，使用“激将法”让士兵的战斗力倍增。这个历史故事再一次说明：适当地运用激将法，能收到积极的效果。

“激将法”是一种很有力的口才技巧，在使用的时候，有些问题还是需要注意的。比如：要看清楚对象、环境及条件，不能滥用。一般来说，对自尊心比较强的人，如自负的人，任性、好感情用事、性格外向的人，运用激将法一般容易奏效。那些自尊心弱、敏感多疑、谨小慎微、性格内向的人，容易把反面的话视为奚落和嘲讽，从而产生情绪低落、丧失信心等消极心理，不适合运用这种方法。同时，运用时要掌握分寸，不能过急，也不能过缓。

动动嘴，点个赞

人性中最深切的禀性之一，是被人赏识的渴望。我们每一个人，都渴望别人的欣赏和赞扬。因此，我们要学会找出别人的优点，给别人诚实而真挚的赞赏，这样就能很快地说服他人。

在一个卖早点的餐厅，两个客人同时向老板娘要求增添一碗粥。老板娘忙给他们添上。

一位客人看了看自己碗里的粥，皱着眉头说：“老板，你怎么这么小气，只给我这么一点粥？”听了他的话，老板娘也皱眉说：“我们的粥是有成本的！”

另一个客人端起了粥碗，笑眯眯地说：“老板娘，你们煮的粥实在太好吃了，我一下子就吃完了。”老板娘很高兴，又给他上了一大碗免费粥。

与人相处，看起来似乎是一个很简单的事情，但是，在实际生活和工作中，并非如我们想象的那么简单。上面例子中，第一个人就是因为不懂得赞美才被老板娘“冷眼相待”的，而第二个人正是因为把握住了赞美的艺术，而得到了老板的“礼遇”。

想要说服别人，最快的方法是很快成为他的朋友，而欣赏和赞美对方是赢得友谊的便捷方法。

一家公司承包了一项建筑工程，他们打算在一个特定日期之前，建一幢庞大的办公大厦。

一切都照原定计划顺利进行，大厦已接近完成阶段。可是，这时候，负责供应大厦内部装饰的公司宣称："无法如期交货。"

承包商焦急万分，因为如此一来，整幢大厦的工期就会延误。如果不能如期交工，公司将要承受一笔巨额罚金。虽然打了多次的长途电话催货，可是，终究都是没有效果。

一天，公司经理高先生走进了那家公司董事长的办公室，将情况和他说了一遍。董事长很惊讶："不，我并不知道。"

"哦，"高先生说，"今天早上，我一下火车，就查阅电话簿找到了您的地址。在这个电话簿上，只有您一个人姓这个姓。"

"我一直都不知道。"董事长说。他很有兴趣地查阅电话簿，接着说："嗯，这是一个很不平常的姓。"

一连几分钟，董事长一直都在说他的家庭及祖先。当他说完之后，高先生就恭维他说："我从来都没有见过这么干净整洁的铜器工厂。"

"这个工厂可花了我一生的心血啊，"董事长说，"我对它感到十分骄傲。你愿不愿意到工厂各处去参观一下？"

在这段参观活动中，高先生始终都在恭维他的公司组织制度是如何的健全。这位董事长很高兴，坚持请高先生吃午饭。

吃完午饭后，董事长说："我保证你们所有的材料都将如期运到，即使其他的生意为此延误我也不在乎。"

高先生一句话也没有提到此次访问的真正目的，就如愿完成了任务。这就说明：用赞扬的方式开始，就好像牙医用麻醉剂一样，病人仍然要受钻牙之苦，但麻醉却能消除苦痛。试想一下，如果高先生使用大多数人在这种情况下所使用的那种大吵大闹的方法，会得到这种美满的结果吗？

在人际交往的过程中，每个人都喜欢听赞美的话。赞美对方是一个循环往复增加快乐的机会，为什么不抓住它呢？没有人喜欢听别人讽刺自己，更没有人愿意听到刁难或是责难的话。赞美并不难，只要你有一个开阔豁达的心境，有一双乐于发现别人优点的眼睛，就足够了。

要想说服一个人，应该学会从赞美开始，因为赞扬表达了我们对他人的关注！赞扬给了他人一个好心情，使对方由紧张、戒备到轻松、愉快，双方很快便可以熟悉起来。可以说，赞美是建立人与人之间的友谊的源泉，是一种理想的黏合剂。

人事部有一位粗心的女秘书，有一天，一向不爱说话的经理对女秘书说："你今天穿的衣服真好看，你看起来既年轻又漂亮。"

这个称赞使女秘书受宠若惊。经理接着说："但你不要骄傲，我相信你处理的公文也能和你的穿着一样漂亮。"

果然，从那天起，女秘书在处理公文时就很少出错了。

人事部经理非常善于把握人的心理。一个人在受到称赞后，再去听一些建议的话，会更容易接受对方的观点。

在办公室共事，一般人往往容易注意别人的缺点而忽略别人的优点及长处。因此，发现别人的优点并给予由衷的赞美，就成了办公室里难得的美德。不管你的对象是上级、同事，还是下级或客户，没有人会因为你的赞美而动气发怒。

"唯有赞美别人的人，才是真正值得赞美的人。"巧妙地运用赞美的手法，会让你的上级欣赏你，让你的同事帮助你，让你的工作得以顺利完成……事业的成功也就离你不远了。

赞美在人际交往中有着相当重要的作用。但有几点是需要注意的：

1. 赞美一定要抓住关键，选择他人身上的闪光点。当然，不能只说泛泛的话，最好是讲具体的事例，这样会使对方有被重视的感觉。说出具体的事情，能够体现出你的细心观察，这样的赞美更有力度。

2. 赞美要选择时机。先用言语做一个铺垫，等待对方给你说出赞美的机会，或者由你创造一个可供赞美的话题。

3. 赞美要有度。再动人的赞美说得太多或超越事实太多，就变成虚伪的谎言，即便是对方本来存在的优点，过度的赞美也会令对方失去交谈的兴趣。

4. 赞美时要有一个诚恳的态度。赞美的时候一定要注视对方，身体要保持相对固定的姿势来表明内心的真诚与恳切，让对方感到你的赞美是发自肺腑的。如果身体晃来晃去、目光飘来移去，会使对方觉得你说的都是虚伪的客套话。

5. 雪中送炭。最需要赞美的不是那些早已功成名就的人，而是那些因被埋没而产生自卑感或身处逆境的人。一旦被人当众真诚地赞美，这些人便有可能振作精神，大展宏图。因此，最有实效的赞美不是“锦上添花”，而是“雪中送炭”。

巧用突然的沉默，让对方进入圈套

长时间的沉默会给人造成极大的心理压力。沉默是金，有些人以为，沉默就是不开口、少说话。其实，并不是说要成天板着脸，冷冰冰地让人难以琢磨，而是适时适度地运用沉默的力量。

六年前，朋友送给老李一只仙人球。老李将仙人球放在电脑旁边，只要是休息的时间，就会观赏一番。

仙人球生长的速度很慢，三四年过去了，仍然只有苹果大小。有一天，老李买来一盆开花的月季，将仙人球置换了下来，放在了阳台不显眼的角落里。

转眼间，一两年过去，老李几乎忘记了仙人球的存在。有一天，当他在阳台晾衣服的时候，无意中低头一瞥，看到阳台的角落里伸出了一支长喇叭状的花朵。

老李探下身子才发现，这朵美丽的花竟然是从仙人球上开出的。他立即把花盆洗干净，将仙人球放到窗台上。

面对这株花，老李心生愧意。仙人球从落户他家到开花，整整默默无闻了六年，但六年的默默无闻换来一朝的绚烂绽放。

只有耐得住寂寞，才能享受到开花的喜悦。善于在沉默中积蓄力量，总有一天，你会抖落身上的尘土，用美丽鲜艳的生命之花让世界喝彩。

人类有史以来第一次有记录的沉默是关于耶稣，他被祭司长控告的时候，一句话也不说。彼拉多问他："他们控告你这么多事，你没有听见吗？"耶稣仍然一句话也不说。

爱尔兰有一句传世名言："雄辩是银，沉默是金。但前提必须是懂得沉默。"耶稣用沉默表示了他的不屑与轻视。

有时，恰当的沉默比任何语言都更具分量，更具震撼力。你沉默镇定，安静从容，威慑力会让别人震惊，因为他们不知道你的想法和底蕴。

在影片中，我们常常可以看到这样的情景：监狱中，为了惩罚那些不听话的犯人，常常会将他们安排在一个叫做禁闭室的房子里。这个房间不仅非常狭窄，而且既见不到阳光，又没有人说话。犯人只能静静地待着，两个星期或者更长。人性是排斥黑暗和沉默的，沉默使人感到没有依靠，有的时候甚至可以让一个人为之疯狂，所以，关禁闭室的犯人常常会沉不住气，承认自己犯下的过错。

正因为如此，许多心理战的高手也会经常会利用"沉默"这张牌来打击对手，他们可以制造沉默，来达到自己的说服目的。

有一个经营印刷业的老板，在经营了多年之后萌发了退休的念头。他打算将原来从美国购进的一批印刷机器卖掉。考虑到经过几年使用后，机器有了一定的磨损，他认为自己的这些机器应该还有250万美元的价值。

一天，一个买主找到了他。在谈判的时候，针对这台机器的各种问题，买主滔滔不绝地讲了很多，这让老板十分恼火。但是，就在自己刚要发作的时候，老板突然想起自己250万元的底价，于是，又冷静了下来。他默默地坐在那里，看着那个人继续滔滔不绝。

最后，那人再没有说话的气力的时候，突然蹦出一句："老兄，你这个机器，我最多能给你350万元。"

于是，这个老板比计划多赚了整整100万元。

沉默并不是指一味地、简单地不说话，而是一种成竹在胸、沉着冷静的姿态，尤其在神态上更是要表现出一种优势在握的感觉，而逼迫对方沉不住气，先亮底牌。如果你神态沮丧，霜打了的茄子一般，只能是山穷水尽的表现了。

沉默之所以可贵，是因为它能给人以思考的空间。沙粒在蚌壳中沉默，是为了变成珍珠散发光芒；小草在洞穴里沉默，是为了昭示春天的来临；树木在地下沉默，是为了变成煤炭而发出巨大的热量。天空不语自有高远，大海不语自有深邃，大地不语自有广博。

作为一名数学教师兼副班主任，张老师经常要处理学生的矛盾。

一天下午快放学了，学生肖晓莹和袁小舟因互相取外号争吵了起来。因为矛盾是由袁小舟引起的，而肖晓莹又是班长，是张老师喜爱的学生，所以张老师便只说了肖晓莹几句，却狠狠地批评了袁小舟。

之后，袁小舟满脸的气愤，紧握着拳头没有说话。当张老师回到办公室的时候，听同学说袁小舟在班上大声说老师偏心，不是好老师。

张老师听完之后，火气一下就窜了上来。她把袁小舟拽到了办公室，刚要发作，突然间，耳边响起老教师的话："沉默几分钟吧！"

张老师拿出一摞作业，批阅了起来，好像忘记了刚才发生的事。刚刚还情绪激动的袁小舟也慢慢恢复了平静，用眼直瞅她。

接着，张老师到班上叫来了肖晓莹。等她回来的时候，发现袁小舟垂着头，眼睛盯着脚。张老师的火气也消了，觉得这个家伙挺有趣的。

时间一分一秒地过去，等待挨批的袁小舟有点受不住了。张老师就走到他身边，向他道歉，承认自己有偏心的地方，还劝说肖晓莹也向他道歉，因为肖晓莹是班长，应该以身作则。

这时，袁小舟对张老师说："老师，我错了，我给肖晓莹起的外号比她给我起的难听多了，我更不该在教室里大声说您的不是。"

在课堂上，这样的事情还很多。如果张老师不冷静，不懂得使用沉默的力量，很可能让自己下不来台，也会很大程度上影响自己的教育教学工作。

"静者心多妙，超然思不群"。沉不住气的人，在冷静的人面前是最容易失败的，因为急躁的心情已经占据了他们的心灵，他们没有时间来考虑自己的处境和地位，更不会认真地坐下来思索真正的对策。在最常见的讨价还价中，他们总是不等对方发言，就不断地提出价格建议，最后让别人钻了空子。只有在沉默中积蓄力量，才能实现自己的目标，才能抵达事业的高点。

给对方拔拔高，让他觉得自己受重视

“尊重他人，满足对方的自我成就感”是人类行为的一条重要法则。这条法则告诉我们：人们最急切的愿望，就是希望自己能受到别人的重视。遵循这条法则，会为自己带来无穷的快乐；如果你违反了它，也许就会在不经意间陷入到无尽的挫折中。

生活中，我们遇到的每个人，都会认为自己在某些方面是优秀的。正因为如此，我们就可以为自己找到一个绝对可以赢得他人欢心的方法，那就是：用不留痕迹的方法，让他感觉到自己受到了重视；让他知道，他是一个重要的人物。

1914 年，第一次世界大战爆发，欧洲各国都加入到了激烈的征战当中。人类希望和平的愿望遭到了强烈的打击。为了实现人类的和平，威尔逊决心尝试一下，他打算派一位私人代表作为和平特使，与欧洲各方进行协商。

国务卿勃拉恩一直以来都是主张和平的，他很想获得这次机会，因为他知道，这是一个可以使自己立功并名垂史册的机会。但是，威尔逊却将这个任务交给了赫斯上校。

赫斯上校接受了这项任命很高兴，不过，他却遇到了一个麻烦，因为，他必须将这个消息告诉勃拉恩，并且还不能惹他生气。

赫斯上校找到了勃拉恩。当听说赫斯上校要到欧洲去做和平特使时，勃拉恩显然非常失望，他说：“我也希望自己能够做这件事情，能够为人类的和平出一份力。”

赫斯上校回答说：“总统之所以没有选您，主要是因为这是一件任何人都可以去做的事情，派您去则会引起别人的注意。人们会觉得纳闷，为什么我们的国务卿到那里去了？是不是有什么重要的事情？……”勃拉恩听后，心里舒服了很多。

在处理这件事情的过程中，赫斯上校遵守了人际关系的一个重要准则：要让对方明白，他是多么的重要。从赫斯上校的话中，我们可以看出一些弦外之音：勃拉恩是一位国务卿，身份太重要了，不适宜做这样的工作。这样便使勃拉恩获得了一种满足，获得了别人尊重的勃拉恩，自然就无话可说了。

实际上，每个人都有他的优点，都有值得别人学习的地方。承认对方的重要性，并表达由衷的赞美，就能够将许多的冲突和紧张化解掉。

在人类的身上，有一种与生俱来的天性，那就是获得权威。如果你想说服他人，或者想让别人乐意为自己提供帮助，就可以将权威送给他人，让这个人体会到自己受到了重视。

拿破仑创立荣誉队的时候，给自己的兵士一共颁发了1500枚十字徽章，将18位将军提升为“法国元帅”，还将自己的部队称之为“大军”。

对于拿破仑的做法，很多人都不理解，都说他太孩子气了。而拿破仑却回答说：“人们本来就受着玩物的统治。荣誉是对自身努力的肯定，在荣誉的作用下，他们会更加积极努力。”

这种“赋予名号头衔”的做法，能为拿破仑所用，当然也能为我们所用。古人云：“己所不欲，勿施于人；己所欲者，亦施于人。”这句话是古人们经过千年的沉思，悟出来的奥妙，它告诉我们：要想获得周围人的喜欢，要想自己的观点被人接受……那么，自己就要遵守这条诫令：你希望别人怎么待你，你就要首先怎么对待别人。

如果你是一位男士，你每天都想让自己得到快乐，就决不能对妻子的治家情况进行责备，更不能拿她和自己的母亲做比较。相反，你要时常对自己的妻子进行赞美，感谢她对家庭的付出。你可以为妻子买一束鲜花，可以多说一些关心的话……如果每对夫妻都能做到这些，生活中也就不会有这么多的婚姻悲剧发生了。如果你希望别人喜欢你，那么你一定要记住：尊重别人，让对方认为自己是个重要的人物，让他感觉到自己已经受到了别人的重视。

◎ 第七章

说话太直接没朋友，拐个弯聊天

——间接说服法

要说服对方有两种方式，一种是直接说服，另一种是间接说服。任何人都不愿意被别人说服，直接说服方式容易引起客户的警惕和反感。要想真正说服对方，就要先了解对方的心理，并根据对方的心理来制定策略，通过引导让对方自己说服自己，这就是间接说服。

曲线救国，拐个弯说服

间接说服，就是本人不直接出面，而是借助他人或事，即以有影响力、有说服力的第三者说服对方。这样的好处在于，对方不觉得是你在说服他，他会在感兴趣的人或事的影响下不知不觉被说服。

孙先生需要写一家工业公司的内部报告，他知道这家公司的董事长有他非常需要的资料。

当孙先生被引进董事长办公室时，一个年轻的秘书从侧门伸出头来，告诉这位董事长她今天没有什么邮票可以给他。

“我在为我那12岁的儿子搜集邮票。”董事长对孙先生解释说。

孙先生说明了来意，开始提问题。董事长的回答却总是模棱两可的，他不想说出心里话，无论怎样的好言相劝都没有效果，这次见面很快结束了。

孙先生当时都不知道该怎么办了。突然，他想起那位董事长的秘书对他说的话——邮票，12岁的儿子？

第二天早上，孙先生又去找那位董事长。首先请人传话说，有一些邮票要送给他的孩子。结果，孙先生受到了热情的欢迎。

这位董事长满脸笑容，客气得很，一边看邮票一边说道：“我的儿子一定会喜欢这张。”他不停地说，还一面抚弄那些邮票，“瞧这张，这是无价之宝。”

孙先生同董事长花了一个小时讨论邮票。接着，董事长花费了一个多小时，把孙先生想知道的东西都讲了出来。

结果，孙先生满载而归。

孙先生从单纯问话的角度开启不了那位董事长的心扉，于是从他最感兴趣的事物（邮票、儿子）着手，达到了解对方商业情报的目的，获得了成功。他采用的是间接说服的方法。

间接说服也可以使用在销售的过程中。销售的过程就是说服客户的过程。要说服客户有两种方式，一种是直接说服，另一种是间接说服。因为任何人都不愿意被别人说服，直接说服方式容易引起客户的警惕和反感，所以是很难的，而且效果也不是很理想，如果客户关闭他的心门，即使你讲得再好，客户听不进去也是枉然。

要真正说服客户，首先要了解客户的心理，并根据客户的心理来制定我们的说服策略，通过我们的引导让客户自己说服自己，这就是间接说服。间接说服可能时间比较长，但这种说服方式是轻松的高效的。

间接说服，主要是针对对方的不同特点，采取一些貌似与本意无关的东西或行为打动对方的心，以达到真正的目的。这种方法利用了人类感情的特点，往往可以起到事半功倍的说服效果。

一个青年人去旅行，由于遇到大雨在山里走失了。最后，他通过自己的努力，终于来到一个村庄。他的钱包丢失了，他想去借宿一晚，并吃一点热饭。他敲了第一家的门，说明自己的来意。可是，对方却把门关上了。他用同样的方式敲了三家的门，都以失败而告终。

这个时候，青年人突然想出一个办法。他来到一家人的门口，从房屋的气势上，青年人知道这家一定很富有。他对看门的管家说："我是来这里旅游的，由于迷路来到了这里。我没有别的要求，只想在你们的炉火上把衣服烤干，然后，我就会立即离开。"

管家就让他进去了。青年人在烤衣服的时候，对厨娘说："我有一颗神奇的石头，可以煮出美妙、美味、魔幻、神奇的石头汤。"厨娘很惊讶："我倒很想看看你是怎样用石头做成汤的。"于是，她就答应了，并提供了炊具和柴火。

青年人从怀里掏出一些石头，放到清水锅中。在水沸腾了几次之后，他尝了一下汤，说：“太鲜了，不过，如果能加点盐就更好了！”

厨娘就加了点盐。汤又滚了几滚，青年人又尝了一下：“如果能加点葱就更好了！”厨娘就加了点葱。汤又滚了几滚，青年人又尝了一下：“如果能加点肉丝就更好了”厨娘就加了点肉丝。就这样，一锅石头汤就出锅了。青年人和大家一起喝起来，管家和厨娘都说他的石头汤做得很好喝。当喝完汤之后，青年人又要求让他住一晚上。管家答应了。到第二天，青年人走的时候，厨娘还给了他很多干粮。

旅行者前三次的被拒绝和后一次的被接受，是他说服方式的不同，前三次他提出的要求太高使对方关闭了心门，后一次他是由小到大不断地打开对方的心门，最终达到了自己的要求。

在人与人之间，存在着一个感情链。如果抓到了这根链条上的任何一环，就有可能产生连锁反应，达到你所要触及的感情，这也是说服一个人的基础。人的社会性决定了人的感情场周围布满了各种各样的感情链，只要你善于观察和发现，要使一个人动情并非难事，要说服一个人也就更容易了。当你因无法说服对方而苦恼时，可以试试间接说服法。

别太直接，巧用故事传达意念

要想说服一个人是很难的，每个人都习惯于坚持自己的意见和主张，对于那些自信、自负的人，对于那些冥顽不化的人，更是如此。但是，在很多时候、很多的场合下，说服又是必须的。为了让人心悦诚服，于是，在说服对方时，人们便不得不积极寻求技巧，讲故事的方式就不约而同地受到说服者的钟爱。

美国的《独立宣言》脍炙人口，它与独立战争一样，永载史册。它字字珠玑，广为流传，对推动美国的革命起到了巨大的作用。关于它有一个不为人知的故事：

《独立宣言》出于才华横溢的杰弗逊之手。杰弗逊对自己的文笔颇为自负，认为自己写出来的东西无可挑剔，往往动一字就像割掉他身上的一块肉一样。

富兰克林是起草这个文件的负责人，他是杰弗逊的密友。富兰克林非常熟悉杰弗逊的性情，一方面觉得《独立宣言》的草稿必须修改，一方面怕惹起杰弗逊的不愉快。于是，他巧妙地向杰弗逊讲述了一个故事：

有一个青年人开了一家帽店，他拟了一块招牌，上面写着“约翰·汤姆森帽店，制作和现金出售各式礼帽”，还在招牌下面画了一顶帽子。他觉得这块招牌很醒目，洋洋得意地等着朋友们的赞赏。

但是，朋友们却不以为然。一个人说“帽店”一词与后面的“出售各种礼帽”语义重复，可以删去。

第二个朋友认为“制作”一词可以省略，因为只要帽子式样称心、价格公道、质量上乘，顾客自然会买，至于是谁制作的，他们并不关心。再说，约翰又不是负有盛名的制帽匠，人们更不会注意。

第三个朋友认为："现金"两字纯属多余，因为一般到商店购物，都是用现金购物的。

经过几次修改，招牌只剩下"约翰·汤姆森，出售各式礼帽"的字样和那顶礼帽的图案了。

尽管这样，还有一个朋友不满意，他认为帽子决不会白送，"出售"二字可以删去，还有"各式礼帽"与图案也重复了，可以不要。经过删改，只省下了"约翰·汤姆森"的名字和那个图案了。

几经修改，招牌变得十分简洁明了，因而也就更加醒目。年轻的帽店店主非常感激朋友们的宝贵意见。

杰弗逊听了这则故事，感觉到稿子是修改出来的，因此广泛听取公众的建议，把《独立宣言》修改得好上加好。18世纪70年代初，北美的13个殖民地的代表聚集一堂，通过了这个《独立宣言》，一场伟大的独立战争开始了……

杰弗逊是个才华横溢而又十分自信、自尊的人，说服他可不是件容易的事，但拟写《独立宣言》是那么重大的事，必须臻于完美，达到字字千钧、振聋发聩的效果，所以非得说服他反复修改草稿不可。

如果富兰克林不注意运用技巧，方式生硬，就根本不能说服对方，可能还会适得其反，即使对方选择妥协，那也是口服心不服。可贵的是富兰克林采取讲故事的方式，娓娓道来，圆满地说服了对方，令人拍案叫绝。从这层意义上说，《独立宣言》是杰弗逊的杰作，也是富兰克林的成果。

通过讲故事说服别人，是一种技巧。富兰克林把讲故事说服法运用到炉火纯青的地步，把它的作用发挥到极致，从中我们可以了解讲故事说服的种种奥妙。

故事是人类历史上最古老的颇具影响力的工具，从远古时期开始，人类就通过讲故事来化解对未知的担忧和生活上的挣扎。

巫师和族人们经常会一起围坐在营火边，然后，由巫师将具有意义的故事传述给族人，教导他们培养对世界的正确认知，以及如何延续生活。在世界名著《一千零一夜》里，大臣的女儿用一个又一个的故事，吸引了国王的注意，拯救了许多无辜的生命。

同样，我们从小受到各式各样的故事熏陶，不但开启了个人的智慧之窗，也影响了个人的人格特质……

这些都可以证明，一个生动、感人的故事可以产生出巨大的说服力。因此，在进行说服时，应该懂得多运用故事来帮助我们达到说服的目的。比如说，当朋友因为失去长期依靠而心生恐惧的时候，我们可以讲述这样一则故事：

一朵弱不禁风的小花，长在一棵高耸的大树下。小花庆幸有大树作为她的保护伞，为她遮风挡雨，每天可以高枕无忧。

有一天，突然来了一群伐木工人，三两下就将大树锯倒了。小花非常伤心，痛哭道："天哪！我唯一的保护伞都失去了，从此，狂风会把我吹倒、大雨会把我打倒！以后，我该怎么办呢？"

远处的一棵树安慰她说："你可千万别这么想，事情跟你想象的正好相反，少了大树的阻挡，阳光会照耀你、甘露会滋润你；你弱小的身躯将更强壮，你盛开的花瓣会一一呈现在灿烂的阳光下；人们会看见你，并且称赞你！"

确实，一个人失去了一些本以为可以长久依靠的东西，自然会有难以割舍的痛苦，但这其中，却也隐藏着无限的可能和机会。这则小故事，将说服披上了一层亲和的外套，让人容易接受，而且不易忘记。

故事也是连接人与人之间情感的神奇的方式，通过故事，可以传神地将你的意念传达给对方、深深地影响对方。

有人曾做过实验，以同样的条件进行相同的说服活动，其中一组不使用任何技巧，另外一组则加入"故事"元素。结果发现，两组的说服效果相差很大！我们也可以发现，市面上的许多品牌的商品，一旦被注入"故事"，增加了口耳相传的元素，很容易让人印象深刻，从而引起轰动。

应该注意到的是，流传已久的名言、成语、寓言和俚语，其背后通常也都有典故，也就是“故事”，因此，我们可以将这些简洁的话语视为故事的浓缩版本。它们的影响力有时也不亚于故事。

不管是故事还是名言、成语，都具有强大的说服力，在说服过程中应酌情运用。为了能让它们在说服过程中发挥最大的功力，在运用时要注意以下几点：

1. 使用时要把握“适时”、“适当”的原则。否则，要是引喻失当，会让人贻笑大方，有损自己的说服力。

2. 引用名言时，如果能加上明确出处或原创者的名字，将可大大提升说服效果。

3. 运用故事进行说服时，务必要把握好“简洁有力”的原则，注意当时的环境和时间是否恰当，同时配合适当的语调和肢体语言。

找个“媒婆”为你说话

抬出别人帮自己进言，往往能起到事半功倍的说服效果。如果想说服别人，就要学会利用别人之口称赞你，利用他人来为自己服务，这是说服别人的很重要的一种技巧。

实践证明，抬出别人帮自己进言，往往能起到事半功倍的说服效果。

秦朝末年，刘邦和项羽各自率军攻打秦朝，刘邦兵力虽不及项羽，却先攻破咸阳（秦朝的都城），并派兵守住函谷关。项羽知道后，勃然大怒，派英布攻下函谷关，到达鸿门，而此时的刘邦则在霸上驻军。

这时，刘邦的左司马曹无伤派人到项羽那里报告，说刘邦打算在关中称王，项羽听后更加愤怒，下令次日一早让兵士饱餐一顿，拿下刘邦。

刘邦从项羽的叔父项伯口中得知此事后，顿时惊呆了。等到冷静下来之后，刘邦便恭恭敬敬地给项伯捧上一杯酒，说了一大堆恭维项伯的话，并约为亲家，用感情拉拢的方式，说服了项伯，项伯于是答应替刘邦在项羽面前说情，并让刘邦次日到鸿门去见项羽。

第二天，刘邦来到了鸿门，然而在酒宴上，虽不乏美酒佳肴，但却暗藏杀机，项羽的亚父范增，一直主张杀掉刘邦，在坐席上一再示意项羽发令，但项羽却犹豫不决，默然不应。于是，范增只好召来项庄，以为酒宴助兴为名，表演舞剑，想趁机杀掉刘邦。项伯一下子就看出了范增的用心，于是也拔剑起舞，掩护刘邦。

就在这危急的关头，刘邦部下樊哙带剑拥盾闯入军门，怒目直视项羽，项羽见此人气度不凡，只好问来者为何人，当得知为刘邦的部下时，即命赐酒，樊哙马上一口气喝干了，项羽又命赐猪腿，并问还能否再喝酒，樊哙回答："臣死且不避，一杯酒还有什么值得推辞的呢？"说罢又喝干了一碗。

樊哙喝完酒后，便趁机说了一通刘邦的好话，项羽无言以对。这时，刘邦也看出气氛不对，于是便借故上厕所，然后一走了之。

找个"媒婆"为自己牵线搭桥。如果你在说服别人的时候，能够找到这样一位贵人，让他尽其所能，从中撮合，是再好不过的事情。

有些话自己说不如别人说的效果好。换句话说，如果你想说服你的同事去做某件事情，如果你想说服自己的主管同意某个观点，有时候并不需要本人直接去说服他，而应巧妙地利用第三者的力量，让第三者去说服你想说服的人。

在一次演讲大会上，玛雅可夫斯基在台上演讲。下面的群众中，有一个人大声地说："下去吧，你这个糟糕的诗人，你的诗既不广阔也不火热，而且根本没有感染力，我一点也不喜欢。"

玛雅可夫斯基并不因此而生气，而是笑着说："我的诗既不是大海，也不是火炉，而且也不是鼠疫，所以它不会有你要的那种广阔、火热和感染性的。"

这个例子中，诗人玛雅可夫斯基成功地利用了他人的话将自己提高了一个台阶。而对于一名说服者来说也应如此。所以，一定要牢记，利用别人之口称赞你，利用他人来为自己服务，这是说服别人的很重要的一种技巧。

在向别人推销产品的过程中，当推销员向顾客述说他的产品是怎么怎么好时，对方通常会对他所说的话和产品表示怀疑。可是，如果此时能够换一种方式去说这件事，也许就可以大大消除顾客的这种疑虑。这里所说的另一种方式，就是去引用别人的话来打消顾客的疑虑。

巧妙引用第三者的话，向顾客说出对你推销产品的评价，是打消顾客疑虑的好方法。有时你说一百句也顶不上你引用第三者的话来评价商品的效果好。这种方法的效果是不容置疑的。

一般来说，引用第三者的评价会使顾客产生安全感，在相当程度上消除戒心，感觉购买你的商品要放心得多了。比如，在推销过程中，当顾客问："这产品质量是否过关？"此时，你可以这样回答："我的邻居已经用了三四年了，仍然好好的。"尽管推销员的邻居当时不在旁边，可这位邻居事实上已经为你有效地回答了这个问题。

再如，你正在说服一个人租用自己的住宅，而对方对周围环境是否安静表示担心。这时，你就可以提及上一位租户对安静的环境大加赞赏。

在这里，作为当事人的你，都可以不必回答问题，因为你的邻居、过去的老板、过去的租户，都已经为你回答了顾客的这些问题。

根据每个人的通常思维，一般情况下，很少有人去怀疑间接描述的事实的真实性，会认为你对他说的话是站在他这边分析的。如果你只是一味地自行介绍，顾客一定会表示怀疑、不信任。因此，在推销进程中，推销员应善于用第三者的嘴去讲话。

还有一种情况是，如果顾客的反对意见的确切中了你的产品或你的公司所提供的服务中的缺陷，这时你千万不可以回避或直接否定，明智的方法是肯定有关缺点，然后淡化处理，利用产品的优点来补偿甚至抵消这些缺点。这样有利于使顾客的心理达到一定程度的平衡，有利于使顾客做出购买决定。

适时搬出大人物，借用权威搞定对方

权威是一种社会现象。所谓权威，是指社会的某些成员，其观点和意见在一定范围内拥有绝对的或者极其重要的作用，以及由此而形成的权力、威势、地位。不言而喻，这两者是互为因果的，拥有权力、威势、地位的人，其观点和意见往往具有一言九鼎的作用，堪称“人贵言重”、“一句顶一万句”。

权威的形成有着多种途径，其主要途径有二：一是通过个人努力而获得或者占有的权威，其手段既有合法的，也有非法的。二是社会赋予某些人拥有权威，例如：家长对子女的权威、老师对学生的权威、官员对民众的权威，这种赋予既有合理的，也有不合理的。

人们总是喜欢附和比自己优秀的人或权威者的意见和判断，尤其是在不太认识的人或不太懂的事物前，自己无法判断并下结论时，这种倾向更为明显。这就是心理学上所说的“威望功效”。

有一个心理学家曾做过这样的一个实验：

他让被实验的人听两种完全相同的音乐带，却告诉被实验者，其中一种知名度不高，另一种屡获评论家的推荐。听完之后，要被实验者说出哪种音乐带较好。

结果发现，大多数被实验者的意见都与评论家的意见相同，他们纷纷表示，“两者比较起来，前者似乎毫无价值”。

很显然，这些被实验的人受到了很有名气的音乐评论家意见的影响。人们都有一种“安全心理”，即：人们总认为权威人物的思想、行为和语言往往是正确的，服从他们会使自己有种安全感，增加不会出错的“保险系数”。

既然“威望功效”的心态已经渗透到了人们的日常生活中，那么，我们在说服的过程中，就不要忘了利用这一点。例如，你如果想让上司接受你的意见，可以在表达意见后，附带地说：“总经理也是这么说的。”

对一个病人来说，如果有人劝说他服用某种药物，即使这个人再三证明这种药物有效，并且说了许多药理知识和道理，病人总还是不免心存疑虑。但如果有一个有声望的医生告诉他，这种药物对他的病很有效。病人一定不会有所顾虑。

生活中，人们往往会被“伟大人物”的意见或判断所影响。在今天的社会里，无论发生什么事，报纸或电视都会出现载有评论家头衔的人的意见。

研究表明，当对方听到强有力的、高度可靠的、权威性的材料时，他的固执己见的程度就会大大降低。因此，我们在说服别人时，有必要引用一些经典性的材料，以增强自己的说服力。

众所周知，法国是一个盛产葡萄酒的国家，外国的葡萄酒想打进法国市场是非常困难的。经过艰苦的努力后，李华决定要帮助一家酒厂把中国的葡萄酒打入法国市场。但是，在商讨中国葡萄酒从香港出口的问题时却遇到了一些波折。

当时的香港总督是英国人，他说：“按照香港法律规定，土酒要征80%的关税，洋酒要征300%的关税。中国的葡萄酒是洋酒，所以应征300%的关税。”

听了这些话，李华暗自盘算一下，如果要交这么重的税，中国葡萄酒的利润将会受到严重损害。怎么办？他决定要在“土”与“洋”上下工夫。

于是，他不紧不慢地吟出了一首唐诗：“‘葡萄美酒夜光杯，欲饮琵琶马上催。醉卧沙场君莫笑，古来征战几人回？’您可能听过这首唐诗吧？在我国唐朝时期，就已经生产葡萄酒了。那时中国没有像样的酒厂和大公司，只有酒作坊。也就是说，当时中国造出的葡萄美酒是比较纯粹的土酒，英国和美国生产葡萄酒的历史，恐怕要比中国晚好几个世纪吧？他们产的才是真正的洋酒呢！”

李华说出的这一席话虽然很客气、委婉，但却从理论根据上驳倒了香港总督。后来，他只得承认中国葡萄酒是土酒，只收取了80%的关税。

李华准确地引用了一首唐诗，而且是脍炙人口的唐诗，证明了“中国葡萄酒是土酒”这个观点，说服了香港总督。如果不是引用这首诗，还不知道这件事如何收场呢？

名诗、名言、名句都蕴含着较为丰富的文化内容，大多被历史所认同。加之崇尚权威、崇尚名望的心理，人们很容易被引用的“经典”所折服。在企业中，领导也可利用“权威效应”去引导和改变下属的工作态度，这往往比命令的效果更好。

在教学尤其是课堂管理过程中，教师对学生而言是“权威人物”，不论是专业知识还是人生阅历都有绝对的优势，充分利用这一优势，就可以让自己在学生中确立起权威，充分发挥“权威效应”，从而使自己的教学理念畅通并有效地执行。

但是，“权威效应”不能滥用，须知“千里之堤溃于蚁穴”，一些容易忽略的细节，不当的言行会逐渐地削减既有的威信。

说话太笼统让人云里雾里，将具体做法告诉对方

一般而言，人的思维和行动都是由意识控制，即使他人和外界如何地建议或强迫，也不见得能使其改变，因此，想要以口才服人，必须告诉对方如何付诸行动。你必须让对方明了他应该做什么、做到何种程度最好等。到了这一步，对方往往就会很痛快地按照你说的去做。

张惠敏大学毕业后在摸索中走上了创业路，并成为创业明星。为了激励在校生，学校请她给大家做演讲。张惠敏知道自己其实不是成功者，还需要进一步的前进。可是，经不住学校领导的好言相劝，也就答应了，更重要的是，学校已经给她规定好了演讲的内容——艰难的创业路。

这一天，面对台下的学弟学妹，张惠敏说："……考上大学后，我就自己挣钱解决生活费和学费，从发报纸、卖电话卡到批发电话卡，后来，把目光投向在高校很有潜力的旅游代理上，打出了'校园风'品牌。我和搭档凭借出色的创业方案赢得了 8 万元创业基金，为'校园风'注册了商标。如今，'校园风'假日旅行已经占据了 80% 的校园市场，并在网站上开发校园消费市场，我们的目标是打造校园第一消费品牌。"

为了让张惠敏消除顾虑，学校给她规定了演讲的范围，这确实是一种说服人的好方法。说服人帮忙，往往会占用对方的很多时间，如果能够给对方规定好相关的内容，这样不仅有利于节省对方的时间，而且还有利于对方事先做好充足的准备。

说服别人是需要一定技巧的，依循一定的步骤，像行军打仗一样，步步为

营，才能稳中求胜。

青春期是一个多事的季节。为了给众多的家长介绍一些家教知识，育英中学特意邀请了著名的教育专家来给家长演讲。

可是，专家说最近挺忙的，时间很紧张。为了给专家明确具体的目的，主任提前说明了演讲的重点：早恋、网瘾。同时，还有与家长的互动。

专家明确了自己的演讲主题，很快便答应下来。几天之后，讲座便在学校礼堂中开始了。

在前面的准备工作做好之后，就可以告诉对方该如何付诸行动了。你必须让对方明了他应该做什么、做到何种程度最好等。到了这一步，对方往往就会很痛快地按照你说的去做。如果含糊其辞，会让对方觉得没有诚意，更别说是产生良好的合作效果了。

有一天，卡内基同时接到两家研习机构的演讲邀请函，一时之间，他无法决定接受哪家邀请。但在分别与两位负责人洽谈过后，他选择了后者。

在电话中，第一家机构的邀请者是这样说的："请卡内基先生不吝赐教，为本公司给中小企业管理者传授说话的技巧。由于我不太清楚您所讲演的内容，就请您自行斟酌吧。人数估计不超过一百人……万事拜托了！"

另一家机构的邀请者则是这样说的："恳请卡内基先生不吝赐教，传授一些增强中小企业管理者说话技巧的诀窍。与会的对象都是拥有50名左右员工的企业管理者，预定听讲人数为70人。

"因为深深体悟到心意相通的时代离我们越来越远，下属看上司脸色办事的传统陋习早已行不通。因此，此次恳请先生莅临演讲的主要目的，是希望让所有与会研习者明白，不用语言清楚地表达出自己想法的人，就无法成为优秀的管理人才。

"希望演说时间控制在两个小时左右，内容锁定在：学习说话技巧的必要性、掌握说话技巧的好处、说话技巧的学习方法这三方面，希望能带给大家一次别开生面的演讲。万事拜托了！”

卡内基认为，第一家的邀请者说话平淡无力，缺乏热忱，给人的感觉是一副为工作而工作的态度，让人感受不到丝毫的热情，也给他留下相当不好的印象。此外，对方既没明确地提示卡内基应该做什么、要做到什么程度，也没有清楚交代听讲人数，叫他如何决定演讲内容呢？对此，卡内基自然没有什么好感。

对于第二家，卡内基明显感觉到了这家机构的邀请者明快干练、信心十足，完全将其热情毫无保留地传达给了自己。更重要的是，对方在他还没有提出问题的情况下，就解答了所有的疑问。因此，在卡内基的脑海里立刻浮现出自己置身讲台的情景，并很快就能够想象出参加者的表情，以及自己该讲述的内容等。显然，这种邀请方式很能带给受邀者好感。

◎ 第八章

引导要专心，才能产生心理共鸣

——认同心理说服法

认同心理指的是个体对组织目标的认同，从而产生出来的一种心理状态。这一心理状态可产生肯定性的情感，会影响到人们对事件的评价、态度和行为。要想在思想上或行为上影响某个人或某个群体，首先要尽量取得他们心理上的认同。

引导他开口说“是”

苏格拉底是希腊著名的大哲学家，直到今天，还被尊为历来最能影响这个纷扰世界的劝导者之一。他是如何对别人进行劝导的呢？他运用了什么方法呢？这就是著名的“苏格拉底辩论法”！苏格拉底以“是，是”作为他的技巧，引导对方作出一连串的肯定回答，到最后，使反对者同意自己的观点。

交谈是一门艺术，你可以通过引导对方来掌握主动权。当你和别人交谈的时候，需要掌握一个技巧，那就是：学会让别人开口说“是”！也就是说，在沟通的过程中，先不要讨论你不同意的事情，要先强调一下你所同意的事情。实践证明，“苏格拉底辩证法”确实是一种可以效仿学习的沟通方法！这种方法被更多的人使用着，詹姆斯·汤姆森是格林威治储蓄银行的一名出纳，他就是采用了这种办法，挽回了一位差点失去的顾客。

一天，一位年轻人走进了银行，要开个户头。汤姆森递给他几份表格让他填写，但这个人断然拒绝填写某些方面的资料。

要是在平时，汤姆森一定会毫不考虑地告诉他：“不填妥所有表格，我们就无法为你开户。”可是，汤姆森这段时间正在学习“人际关系”课程。这一次，他决定拿这位先生来作个实验，试试他在课堂上学到的知识是否真能奏效。

为了将这个人引导到自己所预定的目标，汤姆森希望一开始就能让对方回答“是”、回答“好”。于是，他问这个人：“你在本银行储存这么多钱，万一发生了什么突发问题，这笔储蓄得遵照您的意愿，过户给您指定的亲友，是吗？”

“是的，没错。”那人回答说。

“万一真有这么一天，为了迅速和准确地办好过户手续，你觉得是不是有必要将你最亲近的人告诉我？”

“是的。”他又回答说。

这时候，这个年轻人的态度已经开始缓和下来，因为他知道这些资料并不是仅为银行而留，而是为了他个人的利益。最后，他不仅填写了所有资料，而且在汤姆森的提议下，还开了一个信托账户，指定他母亲为法定受益人。同时，他也回答了所有与他母亲有关的资料。

懂得说话技巧的人，会在一开始就得到许多“是”的答复。这样，就可以引导对方进入你所设定的方向。由于一开始就让他回答“是，是的”，使这个年轻人忘了原本的问题，而很乐意地去做汤姆森先生建议的所有事情，这正是汤姆森的聪明所在。

说服别人的过程，也是一种双方较量的过程。在双方的较量过程中，引导与被引导一直都在交错发生着。为了说服对方，就要把自己变成一个引导者，引导对方的感觉；同时，还要学会巧妙地提问，让对方多回答几个“是”、“是的”，坚决杜绝“不”的出现。

《影响人类行为》是奥弗斯特教授的著作，在这本书中，有这样的一些文字：“一个‘不’字的反应，是最不容易克服的障碍。当一个人说出‘不’字后，为了自己人格的尊严，他就不得不坚持到底。事后，他或许觉得自己说出这个‘不’字是错误的，可是，他必须考虑到自己的尊严，他所说的每句话，必须坚持到底。所以，让人在一开始的时候，就往正面走，这是非常重要的。”

当你想告诉别某个观点的时候，一定要记住苏格拉底的这一有效的法则，多问一些能引发别人作出“是”反应的温和问题。如果你想说服别人，就应该记住，首先让别人说“是，是的”！

其实，要想得到一个“是”字的反应，是非常简单的，可是，却常被人们所忽略。人们总是一开口就要反对他人的意见，似乎只有这样做，才能显出他的重要来。

如果你是一名老师，你的学生一开口就说“不”字；如果你是一位店主，你的顾客一开口就说“不”字……那么，就算耗尽自己的智能，运用极大的忍耐，也是很难改变他们的意志的。为了让别人说“是”，就要掌握以下的几个技巧要点：

1. 首先，强调。而且，要不停地强调你所同意的事情。

2. 接着，引导。积极引导对方进入肯定的方向。

3. 然后，要坚持。交谈的时候，要使用持续肯定法，提出来的问题要便于对方用赞同的口吻来回答。

一开始就不让对方反对

在说服工作开始的时候，就要设法得到对方肯定的回答，不能给对方留出否定的机会。

东汉末年，发生了一场著名的战役——赤壁之战。当时，曹操统率百万大军准备攻打吴国，而吴国分为主战、主和两派。

为了说服孙权和刘备联合起来抵抗曹军，诸葛亮不远千里来到东吴，企图增加主战派的声势。

这时候，吴国的主战论者鲁肃对诸葛亮说："为了促使孙权下决心打仗，希望你能把曹操的实力说得弱一点。"

可是，当孙权向诸葛亮询问曹操兵力时，诸葛亮却说："据说，曹操有一百万的精锐兵力，可是实际上并不止这个数字。所以，在这个时候，求和是比较明智的。"

孙权很惊讶地问道："为什么兵力比吴国还弱的刘备，敢和曹操打仗呢？"

诸葛亮说："我的主公为了要复兴大汉皇室，所以必须和曹操一战。所谓正义之战，兵力乃是次要的问题。为了吴国的安全着想，我劝你还是谋和。"

听了孔明这番话，孙权也立志要和曹操决一胜负。于是，蜀吴两国合力抗曹，终于打胜了赤壁之战，在历史上写下辉煌的一页。

赤壁之战中，诸葛亮知道孙权是一位英雄人物，所以，如果把敌方的兵力说弱了，他就不会因此而参加战争，反而正是因为敌人的强大，才更容易激起他的斗志。

俗话说："良好的开始是成功的一半"，这句话用到说服工作中也是成立的。说服一个人的时候，开头就让他不反对，对于说服成功是非常重要的。

我们在说服别人时，要学会从谈话一开始，就创造一个肯定回答的气氛，尽量让他说"是的"、"好的"、"不错"之类赞同的话，而不要给对方留出否定的机会。

人的大脑运作和处理语言的过程都有一种惯性，利用这种惯性，就可以在一系列只能用"是"来回答的问题中，隐藏一个你想要他回答的问题，这样就能得到你所要的回应。

在说服他人时，我们要把对方看成会接受你意见或同意这样做的人。比如"我知道你是能够把这件事情做得很好，却不愿意去做而已"；又比如"你一定会对这个问题感兴趣的"等。事实表明，从积极的、主动的角度去启发对方、鼓励对方，就会帮助对方提高自信心，从而愉悦地接受你的意见。

汤姆森是美国一家电器公司的营销主管。有一次，他到一家不久前新发展的客户那里去，想把一批新型电机推销出去。当他刚到这家公司，总工程师就劈头盖脸地说了他一顿："汤姆森，难道你还指望我们多买你的几台电机吗？"这句话把汤姆森弄糊涂了，经过一番了解得知，原来，这家公司通过使用，认为从汤姆森那里购买的电动机发热超过正常标准。

汤姆森心里明白，如果与总工程师强行争辩到底，是没有任何好处的，所以，他决定用一种说服方法说服对方：即决意取得对方做出一系列"是"的反应。

汤姆森把情况彻底了解一遍后，先故意询问总工程师："好吧，尊敬的先生，您的意见我是认同的，假如那些电动机发热过高，别说再买，即使是买了的也要退货，对吗？"

总工程师的反应果然如汤姆森所料，"是的。"

"自然，电动机是会发热的，但你就是不希望它的热度超过规定的标准，是不是？"

"是的。"总工程师又一次肯定的回答。

汤姆森认为已经到了时机，就开始对具体的问题进行讨论了。

他接着问道："按标准，电动机的温度可以比室温高72华氏度是吗？"

"是的"，总工程师又说："但你们的产品温度高得简直叫人没有办法伸出手去摸，你说，这难道不是事实吗？"

由于已掌握了足够的事实，汤姆森并不打算与他争辩，反问说："你们车间的温度是多少？"

总工程师稍微考虑了一下说："大约是75华氏度。"

听完总工程师的回答，汤姆森兴奋起来，拍拍对方的肩膀说："好极了！车间温度是75华氏度加上应有的72华氏度，一共是147华氏度右。如果把你的手放进147华氏度的热水里，手是不是会被烫伤呢？"

总工程师虽然不情愿，但也不得不点头称是。

汤姆森接着说："那么，以后你就不要用手去摸电动机了，请您放心，这种情况是完全正常的。"

谈判结束了，汤姆森顺利地说服了对方，消除了对方对其产品的偏见，而且又谈成了一笔生意。

其实，汤姆森开始所问的问题，都是被说服者或谈判对手所赞同的，他一系列机智而巧妙的发问，获得谈判对手无数"是"的反应。

在说服对方的过程中，一开始就不让对方反对，会使整个谈话过程都趋向于肯定的一面，这是说服双方必需的心理，也便于对方放松情绪，使整个说服过程保持和谐的气氛；相反，如果对方一味地反对，则容易造成情绪的对立，致使谈判者形成一种拒绝的态度。因此，在说服一个人的时候，尽量在一开始就不让他反对，这一点对最终的说服成功是非常有利的。

强调彼此共同的观点，达到心理共鸣

林肯说过：“我展开并赢得一场讨论的方式，是先找到一个双方的赞同点。”如果在交流中，你没能找到双方的赞同点，那么，不论你的语句是多么精妙，论证是多么充分，姿态是多么优美……所有这一切，都只是空洞耀眼的装饰。

说服的秘诀之一就是利用心理共鸣消除对方的对立情绪。消除了双方的对立情绪，才可以赢得对方的信任，使气氛融洽，为说服铺平道路，使对方在心理上愿望接受你的劝说或主张。成功说服的另一重要诀窍，就是了解对方的观点，并且从他的角度来看待问题，寻找解决方案。

一个妇人快要过生日了，她不希望丈夫再送花、香水、巧克力或只是请吃顿饭，她希望得到钻戒。

她对丈夫说：“今年我过生日，你送给我一颗钻戒行吗？”

“什么？”丈夫惊奇地看着她。

“我今年不想要那些花啊、香水啊、巧克力的，一下子就用完了、吃完了，不如钻戒，可以好好地留作纪念。”

“送你花，请你吃饭，多有情调！而钻戒，什么时候买都可以。”

“可是我现在就想要一个钻戒，人家都有钻戒，而我没有，就我没人爱……”

结果，两个人因为生日礼物，居然大吵了一架，甚至闹到了离婚。更奇怪的是，两个人大吵完，都糊涂了，彼此问：“我们到底为什么吵啊？”

太太说：“我忘了！”

丈夫抓头皮，笑了起来：“我也忘了。”

过了一会儿，丈夫说："啊！对了！是为了你要颗钻戒。"

还有一个与之相似的故事，可以与上面那个故事形成鲜明的对比：

一个太太，也想要颗钻戒当生日礼物，但她却没有直接对丈夫说，而只是说："亲爱的，今年不要送我生日礼物了，好不好？"

丈夫诧异地问："为什么？我当然要送。"

"明年也不要送了。"听完这话，丈夫更奇怪了。

那位太太接着说："把钱存起来，存多一点，存到后年。"然后太太不好意思地把声音放到最小说："我想让你送我一颗小钻戒……"

丈夫说："噢！原来是这样啊！"

而结果呢？那位太太过生日当天，她还是得到了礼物——丈夫给她买了一颗大大的钻戒。

与前一位太太相比，我们可以看出来，第二个例子中的太太具有一套非常有效的说服策略。她的目的是要钻戒，在谈话开始却反着来，先退后一步说不要礼物，创造一种良好的交流气氛，然后才把真正的目的说出来。

因为她说盼望后年能得到一枚钻戒，如果丈夫提前送出的话，就能给她一份惊喜，无论是太太或者丈夫本人，都会感觉很好，达到一个"双赢的沟通"的效果。事实上，在第二位太太说出自己真正的目的的时候，她的丈夫已在心中答应了她的要求。自始至终，她都没有说出一句会引起她丈夫反对的话，这就是她成功的秘诀。

真正的说服高手都懂得，在和别人沟通的时候，最好不要一开始就讨论分歧的观点，而是要着重强调彼此共同的观点，取得完全一致后，自然再转向自己的主张。

具体的做法是，首先避开别人的忌讳，从对方感兴趣的话题谈起，稍微掩藏一下自己的意图，让对方一步步赞同你的想法。当对方跟着你的思路走时，便会不自觉的认同你的观点。这个方法叫"心理共鸣"法。

林冉是一个保险推销员，一次，他去拜访一位大客户王先生。为了让王先生有所了解，见面之后，林冉首先对公司的险种做了大体说明。但是，在听的过程中，王先生却哈欠连连。

这时候，林冉发现，在王先生背后的书橱里放着许多关于《论语》方面的书，而且在他办公桌的案头也有一本《论语》。林冉眼前一亮！于是，林冉微笑着对王先生说："王先生是不是对中国的古典文化非常感兴趣啊？尤其是《论语》。"

本来昏昏欲睡的王先生听到林冉谈到《论语》，一下又有了精神，说："嗯，我对《论语》非常感兴趣，经常会看于丹讲的《论语》。"

林冉顺势说："其实，我也看过'百家讲坛'于丹讲的《论语》，但是我研究不多！如果有时间，还希望王先生您能不吝赐教。"

王先生马上被吸引了过来，一下子有了兴致，和林冉讨论开来。最后，保单顺利地签了，林冉还和王先生成了朋友。

这个故事从心理学的角度来看，就非常容易解释。一般情况下，当人们产生出"心理共鸣"之后，就会投入十二分的热情；但是，如果对话题没有丝毫兴趣，即使对方热情高涨，自己也会昏昏欲睡。

由于人与人之间，很难一开始就产生共鸣，所以必须先诱发对方与你交谈的兴趣，再经过一番深刻的对谈，才能让彼此更加了解。当你尝试说服他人，或对他人有所请求时，也同样适用。

你可以先避开对方的忌讳，从对方感兴趣的话题谈起，并且不要太早暴露自己的意图，等对方一步步赞同你的想法后，他便不自觉地认同了你的观点。

有一位老师，担任差班的班主任。开学第一天，他亲切地对同学们说："有人说我们是放牛班、垃圾班，这是没有道理的！拿体育成绩来说，我们班不但不是垃圾班，而且可以成为优等班！"

短短一席话，使同学们迅速从低落的情绪中振奋起来，从自卑中树立了信心。

为什么他的话会产生如此大的效果？因为他的话充满信任和鼓励，更重要的是，这位老师在见面的第一天，就把自己置于这个被人瞧不起的集体之中。他左一句“我们”，右一句“我们”，让这些内心充满自卑感的学生，感受到温暖和亲情。总之，由于心理上的接触和情感上的共鸣，老师的话对学生产生了非常大的鼓舞作用。

不给对方说“不”的机会

在说服人的过程中，我们要通过事前的研究，抛出说服对象感兴趣的话题，投其所好，引其上路，不给对方说“不”的机会，才能让说服对象不自觉地被说服。

不给对方说“不”的机会，就不会把对方置于一种不同意、不愿意做的地位，更用不着去批驳对方、劝说对方。

一次，小李碰到了一次出国培训的机会。可是，老总表现得很犹豫，他说：“小李呀，你在公司的表现还不错，出国学习对我们公司来说也很必要。但是，最近一段时间公司特别忙，人手很紧，要不这次你就别去了，下次再去。”

小李一听有点生气了，可是，她还是缓和了一下语气，说：“总经理，我知道您非常注重培养年轻人，我们公司对年轻人的培养确实花了很多的经费和很多的心血。我也知道公司最近确实特别忙，人手也紧，要不您看一看，反正时间也宽裕，您再帮我考虑一下，能派我去最好，如果这次去不了，下次再去。”

老总很高兴，说：“可以，那我再考虑考虑。”

小李和副总的关系特别的好，马上去找副总。当老总找到副总的时候，副总说：“你看，小李出国学习，能去就让她去吧。”

老总说：“是呀，我觉得小李表现还是不错。虽然公司人手紧一点，我们辛苦点就是了，那就让她去吧。”

本来老总是不太同意让小李出国的，可是，小李并没有因此而丧气。她通过一次次的谈话，没有给任何人留下否定的机会，终于说服了所有的领导。在说服过程中，使对方采取肯定的态度，是一件特别重要的事，这虽然是一种简单的技巧，但我们不能忽略它。

很多人在一开口说话的时候，就会愚蠢地提出别人不能接受的条件，使对方立刻表现出对立的态度，因而弄巧成拙，无法实现自己的目标。如果你善于揣摩说服对象的心理，使用有效的说服技巧，在这方面还是可以取得成功的。

“不进西点军校的军人，不会是好军人。”有位陆军上校，从小就梦想自己长大后能进西点军校深造，因为那里是将军的摇篮，有每位士兵梦寐以求的求学环境。

这名陆军上校高中毕业那年，正好遇上了全球爆发经济危机，而学校的规定又刚好是免费入学，因此有更多人想进校学习。但是，要想挤进这所学校是非常不容易的，除非有权威人士的推荐。

为了圆自己的梦，他亲自拜访了几位权威人士，并对他们说：“假如您是一位从小就梦想进入西点军校的人，您会怎么做？”这句话相当具有说服力，那些权威人士积极地向西点军校推荐他，终于让他如愿以偿，并且成就了一番事业。

很难想象，如果他直接地对每个人说：“请帮我写封推荐函。”那么，也许他第一次找人帮忙时，就会吃闭门羹。一般来说，当交往一开始对方已经说出“不”字的时候，那么，即使对方认为你是正确的，以后也很难让他回心转意，因为这涉及一个人的尊严问题。所以，为了让别人能够接受你的观点，最好的办法就是在谈话一开始就将对方导入肯定的方向，而不要让他持否定的态度。

一位年轻的顾客来到一家珠宝行想购买一条项链，但她拿不定主意选哪种。销售人员非常担心时间久了会影响到她的购物欲，于是，便和这名顾客有了一番谈话：

销售人员：“小姐，你的皮肤很白，一白压三色呀！”

顾客：“是的，谢谢你的夸奖，别人都这么说！”

销售人员："美容师都说皮肤白的人最好穿戴装扮了，配什么颜色都好看！"

顾客："是的，我也听说过这话"

销售人员："那么，这两种颜色的项链配上你的白皮肤都好看，金黄让你白皙的脖子更加妩媚，白金会使你更加典雅纯洁。"最终，她选购了一条白金项链。

就这样，利用"是的"惯性法，让顾客不可避免地走进销售人员自己的肯定中，从而爽快买单。这个技巧说来也简单：在与人交谈一开始，不是立即讨论意见相左的问题，而是提一些对方也同意的见解，使人的防备放松，连连同意你的观点。

一位医药公司的代表常常与医生们打交道。他知道医生对医药代表的自吹自擂早就厌烦，如果说自己的药物好，医生很可能反对他的说法。他深谙此道，要想医生接受药物，必须先说自己的药物的某些不足之处，使医师们无法说"不"，最后提出自己的真正要求。

从心理学的角度去看，当一开始就立即让对方说"是"，他就会忘掉争执，并乐意接受你的建议。要想别人不拒绝我们，在很多情况下，我们应该把自己置于"是"这一情境中，将对方可能采取的反对意见铭记于心，同时牢牢记住我们所熟知的对方的观点。

威廉·哈蒙是地厂商。有一个月，哈蒙已经卖出了计划中的地，但他还想再卖一块，于是，他把有关这块地的价值材料准备好，例如置备一处房产的重要性、付款的方式等，然后才去拜访客户。

等他见到客户后，他就对客户说："嗨，史密斯，你是不是特别想买一块地？我听说你们夫妇想建一栋房子，没有什么比这个更吸引人了。"

接着，威廉·哈蒙就从史密斯夫妇的立场来阐述买下这块地有哪些好处，然后，他们就在空白的申请书上签字了。

看到这里，你能想象一开始，威廉·哈蒙就说："嗨！史密斯，你认为自己根本买不起一块地，是吗？"那么对方一定会说，"正是如此。"如果这样，威廉·哈蒙再怎么说都没有用了。你在说话的时候，要时刻记得，给对方和自己创造一个胜利的机会。

将对方的“不”变成“是”

人的感觉是会传染的，一些适当的反应往往能帮助我们赢得对方的支持。

有一位杂志社女编辑，她对说服作家很有一套。不论那些作家如何繁忙，她也有办法让他们答应写稿。本来她的口才并不属于一流，但奇怪的是，那些作家在她面前，都无法拒绝她的要求。她是这样说的：

“当然我知道您很忙，就是因为您很忙，我才无论如何请您帮个忙，那些过于空闲的作家写出来的作品，不会比您的好。”

据她说，使用这种说法，从来都没有失败过。

一般来说，当对方已有很充分的拒绝理由时，想让他接受你的请求是十分困难的。如果你事先也知道他们会用这些理由来拒绝你，因而裹足不前的话，会增加他的对抗的意念。到时气氛会更加紧张，就别谈什么说服了。

如果能运用上面的那位编辑小姐的办法，先认同对方的观点，让他感觉你是理解他的，再给他来个“高帽子”，使他无法拒绝，这就是巧妙地使对方的“不”成为“是”的一种说服技巧。

一个小伙子每天在下班的路上都会遇见一个美丽的姑娘，他很想让这位姑娘成为自己的女朋友。

有一天，小伙子对姑娘说：“小姐你好，我每天从这里经过都会遇见你，真是有缘，不知能否成为你的朋友？”

姑娘有些吃惊和慌乱，拒绝了他：“对不起，我不认识你，所以你的要求我不能答应。”

小伙子很有风度地笑笑：“没关系，谢谢你给了我提问的机会，那我们明天见。”

第二天，小伙子很高兴地把这件事告诉了自己的朋友。朋友笑了笑，问：“被拒绝还这么高兴？”

小伙子兴致勃勃地说：“恋爱从拒绝开始。今天她拒绝了我，但心里一定会期待明天我会和她说什么，因为没有人能拒绝好奇心，那么明天见面我就可以向她介绍自己，后天我就可以了解她的爱好，再往后我们就能找到共同话题成为朋友，最后我就可以让她成为我的女朋友……你说我能不高兴吗？”

果然，没过多久，小伙子牵起了姑娘的手。

在感情生活中，我们称具有小伙子这样精神、行动力和技巧的人为“情圣”；在销售工作中这样的销售人员则是我们的“销售精英”，因为他们明白一个道理：销售从拒绝开始。

这种说服技巧常常运用于销售上。

推销员在拿着自己的化妆产品，拜访顾客时，心理上早有被对方拒绝的准备。有的顾客可能会说：“你的这些东西我已经有了，现在暂时不需要。”面对婉言拒绝，这时你如果是处理不好的话，很容易得罪对方。如果你对她说：“你说得对，你的皮肤不化妆也很好看。”听了这样的话相信没有哪位女士会无动于衷，接着你又说：“但是，为了防止日晒……”不待你说完，对方的钱包已经打开了。

能够战胜拒绝的人才称得上销售的高手。在战场上有两种人必败无疑：一种是幼稚的乐观主义者，他们满怀激情奔赴战场，硬冲蛮打全然不知敌人的强大，结果不是深陷敌人的圈套便是惨遭敌人的毒手；另外一种是胆小怕死的懦夫，一听到枪炮声便捂起耳朵，一看见敌人就闭上眼睛，东躲西藏，畏缩不前，甚至后退，一旦被敌人发现就是死路一条。这是战场上的原则和规律，同样适用于商场和商战。

被拒绝是很正常的事情，作为一线的销售人员导购小姐们必须具备顽强的奋斗精神，不能因为被拒绝而精神不振，垂头丧气失去信心，而应该有被拒绝的心理素质。心理上要能做到坦然接受拒绝，并视每一次拒绝为一个新的开始，最后达到销售的成功。

请记住，在对方用一个理由来拒绝你时，你也以同样的理由来说服他。事实上，没有人喜欢说“不”，简单而又粗暴的一声“不”，不仅让说服者失望，被说服者也不会觉得舒服；而如果说服的结果伴随着一声“是”，舒畅的情绪自然就会出现在双方的脸上。

1. 不回答

许多异议不需要回答，如无法回答的奇谈怪论、容易造成争论的话题、废话、可一笑置之的戏言等等。不回答时可采取以下技巧：沉默、装作没听见、按自己的思路说下去、答非所问、悄悄扭转对方的话题等。

2. 不要争辩

不管对方如何批评我们，我们永远不能与对方争辩。因为，争辩不是说服对方的好方法。与对方争辩，失败的永远是销售人员。处理对方异议的根本目的是引导对方，使其意见尽量与我们趋于一致，而不是反驳对方，使他被迫接受我们的观点。就像治水一样，封堵只会造成更大的水患，只有疏导才是上策。

3. 给对方“面子”

要给对方留“面子”，要尊重对方的意见。无论对方的意见是对是错、是深刻还是幼稚，我们都不能表现出轻视的样子。要双眼正视对方，面部略带微笑，表现出全神贯注的样子。并且，不能语气生硬地对对方说：“您错了”、“连这您也不懂”……这些说法明显地抬高了自己，贬低了对方，会挫伤对方的自尊心。

◎ 第九章

长话短说，挑有用的说

——突出重点说服法

在说服过程中，突出重点理由，能够给被说服者留下深刻的印象，否则容易使人感觉面面俱到，泛泛而谈，没有什么说服力。理由是说服人的关键，也是根本，在说服别人的过程中，最具有说服力的方法，就是将重点突出出来。

说重点，泛泛而谈只会浪费时间

在说服过程中，要突出最重要最关键的理由，给被说服者留下深刻的印象，否则容易使人感觉泛泛而谈，没有什么说服力。

很多年以前，俄亥俄州监狱邀请拿破仑向服刑人员发表演说，拿破仑同意了。当他一站上讲台的时候，就发现，在眼前的听众中，有一位是他在10年前就已认识的朋友，早些年，这位朋友是一位成功的商人。

拿破仑演讲完毕后，和朋友见了面。这时候，拿破仑才知道，原来，朋友是因为伪造文书而入狱的，被判了20年有期徒刑。听完他的故事之后，拿破仑说："我要在60天之内，使你离开这里。"

朋友脸上露出苦笑，回答说："我很佩服你的精神，但对你的判断力却深感怀疑。你可知道，到目前为止，已经有20位具有影响力的人士曾经运用他们所知的各种方法，想使我获得释放，但一直没有成功。这是办不到的！"

大概就是因为他最后的那句话——"这是办不到的！"——向拿破仑提出了挑战，他决定向朋友证明，这是可以办得到的。

拿破仑一回到纽约市，就让妻子为自己收拾好行李，因为他准备在俄亥俄州监狱所在地，停留一段时间。

拿破仑的脑海中有一个"明确的目标"，就是要把这位朋友从俄亥俄州监狱弄出来。他来到哥伦布市，拜访俄亥俄州州长，向他表明了此行的目的。拿破仑是这样说的：

"州长先生，我这次是来请求你下令把我的一位朋友从俄亥俄州监狱中释放出来。我有充分的理由请求你释放他。我希望你立刻给他自由，为此我准备留在这儿，等待他获得释放，不管要等待多久。

“在服刑期间，我的这位朋友已经在俄亥俄州监狱中推出一套函授课程，他已经影响了俄亥俄州州立监狱中2518名囚犯中的1728人，他们都参加了这个函授课程。他已经设法请求获得足够的教科书及课程资料，而使得这些囚犯能够跟得上功课。难得的是，他这样做并未花费州政府的一分钱。监狱的管理员告诉我说，他一直很小心地遵守监狱的规定。

“我来此请求你释放他，希望你能指派他担任一所监狱学校的校长，这样做，可以使美国其余监狱的16万名囚犯获得向善学习的良好机会。我准备担负起他出狱后的全部责任。这就是我的要求，但是，在您给我回答之前，我希望您知道，我并不是不明白，如果您将他释放，而且，您又决定竞选连任的话，这可能会使您失去很多选票。”

俄亥俄州州长维克·杜纳海先生紧握住拳头，说：“如果这就是你对我的请求，那我将把他释放。即使这样做，会使我损失5000张选票，我也在所不惜……”

这项说服工作就此轻松完成了，而整个过程仅仅用了5分钟。3天以后，州长签署了赦免状，朋友走出了监狱的大铁门，他再度恢复了自由之身。

拿破仑之所以能够成功地说服州长，和他的周密考虑和精心安排是分不开的。拿破仑事前了解到，朋友在狱中的表现良好，对1728名囚犯提供了良好的服务。他在创办世界上第一所监狱函授学校的同时，也为自己打造了一把打开监狱大门的钥匙。

拿破仑在见州长之前，先把所有的事实研究了一遍，并想象如果自己是州长本人，什么样的说辞才最能打动自己。更重要、更有意义的理由是，他的获释将对另外的16万名囚犯有很大的帮助，因为他的获释，将使这些囚犯享受到他所创办的这个函授学校的好处。因此，拿破仑靠着这个最重要最关键的理由获得了成功。

理由是说服人的关键，也是根本，因此，在说服别人的过程中，最具有说服力的方法，就是强调一个最重要最关键的理由。

在大多数人的心目中，似乎面试就是考官问求职者答的这一模式，其实，这样往往会使求职者处于十分不利的被动状态，而如果能善于运用说服术，将个人的优势充分突出出来，效果就不同了。

说服术用于求职，是指应聘者用事先准备好的话去影响招聘人员的思想，使其做出于应聘者有利的、预期的行为。其实早在我国的春秋战国时期，人们就已经懂得了用说服术去获得职位这一方法了。比如，当时著名的政治家、军事家张仪原来是个穷光蛋，他运用说服术，说出了自己的优势，说服了秦王，获得了丞相一职，从此不可一世。除此之外，当时的苏秦、公孙衍等莫不如此。

小张本来是个在国有企业工作了近十年的普通职工，虽然他仅有高中的学历，但他依靠自学，掌握了渊博的学识，并有着过人的洞察力，对管理也很有研究，但一直以来却得不到上司的赏识。

后来，小张来到了另一个同行企业应聘。见到厂长之后，小张和厂长进行了一番长谈，他首先分析了当今市场形势的严峻性，然后提出了一些同行企业常见的管理上的问题，接着又提出了一些解决这些问题的方案……厂长听完之后，对小张的才干佩服得五体投地，立即聘他为车间主任。

说服术跟常规的问答式面试相比，其最根本的优势就是主动权的转移，前者的主动权在求职者手里，后者则由用人单位把握。如果能够将自己的特长、优势突出出来，是很容易提高求职的成功率的。

用事实说话

“用事实说话”是新闻写作中的一个最基本的原则。所谓“用事实说话”，就是通过报道事实向读者阐明某种思想和观点。同样，在说服的过程中，也讲究“用事实说话”。

挪威有句谚语：“即使千言万语，也比不上一桩事实留下的印象深刻。”也就是说，想要通过用语言的方式去说服他人，最有效的方式就是用事实说话。把你所要描述的整个过程，用实际数据或样品的方式呈现给对方。在事实面前，对方就会相信你的说法，从而达到说服他人的目的。

在伽利略之前，古希腊的亚里士多德认为，物体下落的快慢是不一样的。它的下落速度和它的重量成正比，物体越重，下落的速度越快。比如说，10千克重的物体，下落的速度是1千克重的物体的10倍。

1700多年以来，人们一直都把这个违背自然规律的学说当成不可怀疑的真理。年轻的伽利略根据自己的经验推理，大胆地对亚里士多德的学说提出了质疑。

经过深思熟虑，他决定亲自动手做一次实验。他选择了比萨斜塔做实验场地。这一天，他带了两个大小一样但重量不等的铁球，一个重100磅，是实心的；另一个重1磅，是空心的。伽利略站在比萨斜塔上面，望着塔下。

塔下面站满了前来观看的人，大家议论纷纷。有人讽刺说：“这个小伙子的神经一定是有问题了！亚里士多德的理论不会有错的！”

实验开始了，伽利略两手各拿一个铁球，大声喊道：“下面的人们，你们看清楚，铁球就要落下去了。”说完，他把两手同时张开。

人们看到，两个铁球平行下落，同时落到了地面上。所有的人都目瞪口呆了。

伽利略的试验，揭开了自由落体运动的秘密，推翻了亚里士多德的学说。这个实验在物理学的发展史上具有划时代的重要意义。为了说服别人相信自己的观点，伽利略摆出了事实。在事实面前，人们不得不信服。

当你时间很紧，或是不愿浪费太多的口舌来说服他人认同你的决策时，就应该利用事实的真相，争取做到一语中的。而要一语中的，最好的办法就是提出最有力、最不可抗拒的事实。

有一次，丞相萧何向汉高祖刘邦请求将上林苑中的大片空地让给老百姓耕种。上林苑是一处专门为皇帝游玩嬉戏、打猎消遣的大片园林。

刘邦一听萧丞相居然要缩减自己的园林，不禁勃然大怒，认为萧何一定是接受了老百姓的钱财，才这样想尽办法为他们说话。

于是，萧何被捕入狱，同时被审查治罪。当时的法官廷尉为讨好皇上，只要皇上认定某人有罪，就不惜用大刑迫使犯人服罪。

就在这紧要关头，旁边的一位姓王的侍卫官上前劝告刘邦说：“陛下，您是否还记得原来与项羽的抗争以及后来铲除叛军的时候？那几年，皇上在外亲自带兵讨伐，只有丞相一个人驻守关中，关中的百姓非常拥戴丞相。假如丞相稍有利己之心，那么关中之地就不是陛下的了。您认为，丞相会在一个可谋大利而不谋的情况下，去贪百姓和商人的一点小利吗？”

刘邦深有感触，认识到自己的鲁莽和萧何的一片忠心，当天便下令赦免萧何。

简单几句话，句句击中要害。这位姓王的侍卫官并没有说自己的观点，而是一开口就摆出事实，而且是最关键的事实，让刘邦深有感触，认识到自己的鲁莽和萧何的一片忠心，当天便下令赦免萧何。

向被说服者提供理由时，应该注意到，客观的证据总是优过你的主观看法。

如果你能向听众提供可靠的资料，那就没有必要再三重复你个人的看法，因为说服力自然会增强。

某商店里，有一个营业员非常会做生意，她每个月的销售业绩都是第一名。

有人向她询问其中的秘密，她毫不保留地告诉：将顾客当成是自己人。同事不相信。这名营业员说："你可留意一下，看看我是如何卖货的。"同事觉得这个办法不错，就观察起来，只要有顾客到了这位售货员这里，那名同事都要看个究竟。

一天，一位顾客站在柜台前东瞧西望，还不时用手摸摸柜台上的布料，却不肯买货。这位售货员走上前去问："您是想买块面料吗？不错，您看，这块面料颜色深浅不一，不适合您穿。"说着，这位售货员走到旁边，拿过另一块布料说："从您的穿衣打扮，我认为您是机关干部。这件布料的颜色适合您，您想想哪个划算？"顾客见售货员如此热心，便毫不犹豫地买下了布料。同事看到这个情景，信服了。

为了说服顾客相信自己的话，售货员用事实说话。在事实面前，任何语言都会显得苍白无力。唯有事实，才是说服对方的一个好办法。

直接切入主题，不要啰里啰唆又说不到点子上

“兵不在多而在精”，同样，话不在于多而在于精。说出一句算一句，句句都能说到点子上，才叫会说话。

儿子：爸爸，我想买部车子，还差一点儿钱，能借我点儿吗？

爸爸：你才多大啊？就想开车？没驾照是不能开车的。

儿子：我都大学毕业了，可以开车了吧！我早考了驾照了，就是没车。

爸爸：怎么突然想起要买车了？

儿子：上班不方便，地铁太挤了！

爸爸：那明天我开车送你吧！

儿子：不用了，又不顺路。

爸爸：那你开我的车，我坐单位的班车。

儿子：我不要，你那车太大了，笨重。

爸爸：地铁你嫌挤，我的车你又嫌大。你到底想怎么样？

儿子：哎呀，我想要辆新车。

爸爸：我的车刚买不久，挺新的。

儿子：算了，不管你借了，大不了我把朋友新买的那个车盘下来。他要出国了，正想卖车呢。

爸爸：你小子啊，宁可盘别人的车，也不要你老子的车。你说，为什么？我那车有传染病吗？

儿子：我就是不喜欢你那车！

父子俩就这么吵了起来。

为什么上例中的父子会沟通失败？主要是双方都“没有说到点子上”。父亲认为儿子想买车是为了方便，而儿子的真实意图是想买一部适合年轻人开的车。父亲觉得车子实用最重要，儿子则认为自己的车子必须时尚。我们看到，不管是儿子，还是父亲，都是从自我的角度去考虑问题，这就是沟通产生障碍的根源。

在说服过程中，当时间非常紧迫，对方不愿意多耽误时间时，运用直接切入法能很快抓住对方的“心”，从而达到成功说服的目的。

北京蓄电池厂是个只有700多人的小厂，既不是“产品出口基地”，也不是“授权试点单位”，想搞出口贸易可以说是“一纸空白”。

在1987年底，美国最大的蓄电池经销公司的一位代表到我国东北某地谈生意，途经北京的时候，顺便到北京蓄电池厂看了看。

工厂领导抓住这一时机，问：“你看，我们能不能搞点材料加工贸易？”美商代表听了，摊开双手，说：“没有时间谈这些事了。”

工厂领导却丝毫不肯放松，他们抓住重点问题直截了当地说：“美国有那么多汽车，蓄电池的需求量一定很大。如果你们提供原料和规格，由我们加工蓄电池极板，你们再组装成蓄电池拿到美国卖，会赚很多钱。同时，我们也能收取到比美国低但比国内高的加工费，这种对双方都有利的事，何乐而不为呢！”

美商从中听出了其中的“门道”，坐了下来。经过一系列的商谈，双方最终达成了协议：由美方提供原料、技术资料、技术指导和先进的生产设备，我方为对方生产一批符合美国标准的200万块蓄电池极板。而且，在全国同行业中，该厂产品是第一个打入美国市场的。

为了说服美方代表同意自己的建议，工厂领导抓紧时间，切中要害，用简短的几句话便说出了其中的主旨。如果厂长说话啰里啰唆，是不会出现这样的好的结果的。

生活中，人与人之间之所以会沟通不畅或是沟通失败，一定有一个导致结果的关键因素，也就是问题的根本。然而，很多人对沟通中存在的问题认识不清，根本不知道问题出在哪里。

最为搞笑的是，一旦出现沟通不畅，有些人就会列举一连串的理由来解释沟通的失败，比如，“对方是个很难缠的人”、“今天天气不好，影响谈判的心情”、“昨晚没有休息好”……虽然理由千奇百怪，但都有一种共同的倾向：把沟通失败的原因归结于别人或其他外在因素。

这种对沟通问题的不清不楚直接导致了模糊沟通，这就是为什么滔滔不绝、口若悬河的人不一定能达成沟通目标的原因。在有效沟通中，不仅要会说话，还要说到点子上，要在最短的时间里，切入正题。

在危急关头，我们要说服别人，就要抓住关键点，长话短说，不讲空话，有的放矢，不把精力分散到无关紧要的事情上。

在说服上级的时候，尤其要注意到这一点。一般来说，位高权重的人时间都很紧张，冗长的说教，满嘴的陈词滥调，没有自己独特见解的发言，只会引起其反感。

一位资深的职业人告诫新手，在说服上司的时候，一分钟可以说完的话，不要用一分零一秒。啰里啰唆又说不到点子上，无论是谁听着都会厌倦。和上司讨论的目的是共同把某个工作做到最好，不是参加辩论赛，不需要长篇大论，需要的是直接讲结果和方法。

这个道理和打高尔夫球差不多。打高尔夫球的人，目光通常都集中在球上。口才出色的人也是这样：说话简短有力，一语中的，不拐弯抹角。运用直接切入法的技巧，通常要注意以下三点：

1. 注意看被说服者的性格。对于胸怀开阔、性格开朗的人，使用这种技巧可能会获得很好的效果；但对于心胸狭窄的人，直言快语有时会使对方不易接受。当然，直接切入法的运用与双方的熟悉程度有关，通常来讲，该方法多用于关系较好的对手。

2. 要经过认真思考，认真选择。要有利于对方理解自己的用意，有利于解决问题而不至于引出矛盾、产生误解。

3. 要多表现出热情与关心，表现出一种快人快语的爽朗与耿直。尽力避免显得不讲策略、急功近利的毛躁。

用最少的话网罗最大的利益

在我们身边，经常会听到类似的感慨:“是啊，钱从来都是不好赚的！”“如果找不对方法，生意就没有容易做的。”如果摸不清门道，极少有人很容易被说服的；如果说话不着边际，怎么能够引起别人的兴趣。

不过，当你找对了方法，摸出了门道，抓住了关键，你会发现，赚钱原来是那么容易的一件事。世界上有无数方法可以帮助你赚到钱，而有一种方法无疑是赚钱最快的，那就是懂得如何去说话！如果你会说话，你将很轻松拿下大订单，促成大交易，做成大生意。如果你能精炼自己的语言，就可以用最好的语言，获得最大的利益。

通过电话预约，业务员凌晓倩和某集团采购部罗经理约定第二天上午8点见面。第二天早上7点45分，凌晓倩到了准客户的集团办公大楼下面。

由于离上班还有一段时间，所以集团楼下冷冷清清的，只有三个穿着保安服装和两个穿着普通服装的人正在楼下的大门里忙活。

凌晓倩主动走上前去，自信而面带微笑地对他们说：“你们好！请问采购部的罗经理在吗？我和他约好了8点钟见面的。”

一位衣着简朴的男子微笑地对凌晓倩说：“我就是！你是昨天打电话来的凌小姐吧？”

“是的！罗经理您好！昨天跟您约好的！很高兴今天能来拜访您！”凌晓倩微笑着说。

“嗯，咱们到办公室谈吧。”罗经理边说边向办公楼走去，凌晓倩马上跟了上去。

两人走进了一家酒店。穿过酒店长廊时，罗经理解释道：“这是我们公司的酒店，我们在楼上办公！”

“嗯！我在网上看过关于咱们酒店的介绍，极有特色！看来咱们龙总经理很是花了一番心血啊！也离不开您的功劳啊！”凌晓倩知道，自己在这里强调“咱们”，可以将准客户与自己巧妙地置于同一战线。

“呵呵，过奖了。进来坐吧，小凌！”转眼间俩人已到了罗经理的办公室，

“你昨天在电话里说的那个什么节能器，资料带来了吗？让我先看看。”

“带来了，您看一下！”小凌将资料打开递了上去。

“啊，我自己来！”罗经理双手接过资料，认真地看了起来。

“罗经理，是这样的，昨天我在电话里也曾初步向您介绍过我们的产品。为了响应国家对节能的号召，我公司决定在北京率先选择20家有影响力的企业进行免费试用。所以，今天我主要就是来具体和您谈谈如何免费赠送的细节！”

“免费的啊？怎么个免费法？”罗经理停下看资料，转头看着凌晓倩。

小凌微笑着看着他，点点头说：“是的，罗经理！我们免费提供产品供您使用，如果您觉得不满意，我们将无条件拆除，如果对贵公司有损害，我们还会依照合同赔偿。当然，如果用好了，我希望罗经理能帮我介绍介绍新朋友！”

“真要用好了那肯定没问题啊！用好了，在我们厂部就能大力推广了。到时候，就是收费也没问题啊！”罗经理爽快地说。

“谢谢您，罗经理！那这是合同，您看一下？如果没有问题，请签字！我一周内安排技术人员前来勘察并安装。”小凌递上合同和笔，她要抓住时机促成签约。

“没问题，这周六我有时间，你们的人周六来安装吧。”罗经理一边看一边说，最后在合同上签了字。

“那就这样定了！本周六早上7点，我会安排技术人员到场，到时候也过来看您！”小凌一边说一边整理文件包，将资料合同等装好。

离开罗经理办公室时，小凌看了看手表，8点10分。从进去到出来一共花了10分钟，而这家酒店成为准客户的几率大大增加了。

如果你会说话，你就能迅速引起对方的兴趣，“勾动”对方购买你的产品的心，进而高兴地签下你提供的合同。这真可谓是“嘴巴一张，黄金万两”！

其实，通过小凌的口才，我们会发现，要想通过口才来说服别人拿到大额订单，也不是什么困难的事。要想“一语万金”，你只需要掌握几条说话的原则，然后多实践实践就可以了。

“一语万金”不是一句话就能挣到很多钱，而是指通过几句起决定性的话，促成对方的购买行为。“一语万金”要教给大家的是，如何通过口才和智慧，找到赚钱的方法，摸清成交的门道，抓住客户购买的关键，实现成功说服。

克莱斯勒是美国著名的汽车公司，它曾经击败了老亨利·福特，成为美国第二大汽车公司。然而，全盛时期的克莱斯勒后来也跌入了深渊，年亏损达1.2亿美元。为了重新寻回昔日的辉煌，克莱斯勒公司想到了艾柯卡——一个在福特公司成绩斐然却备受屈辱的人。

艾柯卡15岁就开始做汽车生意，后来考入著名的利海大学，学了4年的工业和商业课程。毕业后，他到福特公司做了见习工程师。1956年，福特汽车销售业绩不佳，艾柯卡别出心裁地制定了“分期付款”的策略，取得了极大的成功。随后，他不断得到提拔。可是，福特公司的老板小福特心里不平衡了，他担心艾柯卡的成就会使自己的权力受到损害，于是想尽办法架空了他的权力。最后，为了不惹来众怒，小福特对艾柯卡说：“只要你不到别的公司任职，我每年给你100万美元的退休金。”

就在艾柯卡不知道如何是好时，克莱斯勒公司向他发出了求助的信号。为了能够争取到艾柯卡的支持，克莱斯勒公司还专门派出了能言善辩的说客。

克莱斯勒公司的说客说：“艾柯卡先生，我们知道您为福特公司作出了不少贡献，是福特公司的功臣。现在，福特公司已经获得了巨大的成功，成为业内的老大，您也应该功成身退了。”说客这番肯定的话，说到了艾柯卡的心坎里，让他觉得很感动，但他并没有表态。

说客继续说："而我们克莱斯勒公司目前的处境虽然十分艰难，但我们并没有放弃，因为我们相信，只要我们坚实不懈，众志成城，就肯定能够渡过难关。现在，我们真诚邀请您加入克莱斯勒的团队中来，共同创造辉煌的未来。您愿意给我们，同时也给您自己这样一个机会吗？"艾柯卡似乎被打动了，但仍然保持沉默。

说客见艾柯卡动心了，又趁机说道："我们老板是一个任人唯贤的人，而且一直很欣赏你的智慧与才干，所以您到我们公司后，将直接被任命为CEO，虽然我们现在给您的薪水没有福特公司给您的退休金多，但如果您能把我们这样一家大企业搞活，那将是一个壮举啊！到那时，相信克莱斯勒公司乃至整个汽车界都会记住您的。"

最后，艾柯卡终于被说动了，当即就宣布加入克莱斯勒公司。

为了劝说艾柯卡加入克莱斯勒，说客利用艾柯卡恼恨小福特的心理，巧妙地运用语言的艺术，最终说服了艾柯卡。说客知道艾柯卡是个很有能力的人，却遭到小福特的嫉妒，以至于自己一身的抱负无法实现。于是，他们就利用艾柯卡具有雄心这一点，激励他到面临危机的克莱斯勒工作，以迎接挑战，向世人证明自己的能力。

◎ 第十章

站在对方的角度上，才能知道对方怎么想

——换位思考说服法

换位思考就是设身处地为他人着想，即想人所想，理解至上。换位思考是人对人的一种心理体验过程，将心比心、设身处地，是达成理解不可缺少的心理机制。它客观上要求我们将自己的内心世界，如情感体验、思维方式等与对方联系起来，站在对方的立场上体验和思考问题，从而与对方在情感上得到沟通，为增进理解奠定基础。

替别人着想，就等于为自己着想

遇到事情，肯替别人着想，就等于是为自己着想。

有一位母亲，她家住在二楼。她在屋里走动时，总像怕踩着地雷似的小心，因为她怕踩得太响会使住在楼下的张爷爷受不了。

可是，住三楼的人却常常把声音弄得很响，她没怪罪，反而说："楼上有个3岁的小孩，正是长身体的时候，需要运动。"

当孩子对此疑惑不解时，她就心平气和地说："能为别人着想，这是天下第一等的学问。"

这朴实无华的言语里，包含着很深的人生哲理。我们每个人都生活在大小环境中，你的一举一动都会或多或少给生活环境和人带去影响，不是好的影响，便是坏的影响。而多替别人想想，就是让自己的言行举止给人留下好的影响。像那位母亲，在家走路那么小心就是怕惊扰邻里，而努力在为居所营造一份宁静祥和的环境。

一个盲人在夜晚走路时，手里总是提着一盏明亮的灯笼。

人们很好奇，就问他："你自己什么也看不见，为什么还要提着灯笼走路呢？"

盲人说："我提着灯笼，既为别人照亮了路，同时别人也容易看到我，不会撞到我。这样既帮助了别人，也保护了自己。"

替别人着想，是一种胸怀、一种博爱、一种境界，是我们所应该具备的。

现代社会，我们不仅要学会做事，更要学会做人，学会关心别人，学会奉献，学会与人合作，这一切都离不开替别人着想。

美国汽车大王福特说过一句话：“假如有什么成功秘诀的话，就是设身处地替别人着想，了解别人的态度和观点。”因为这样不但能让你与对方沟通，得到谅解，而且能更清楚地了解对方的思想轨迹及其中的“要害点”，从而瞄准目标，击中“要害”，使你的说服力大大提高。

曾经有人说，要想让别人相信你是对的，并按照你的意见行事，首先必须要人们喜欢你，否则你就要失败。可是，如果你不能设身处地站在别人的角度，找到别人的诉求，又怎么可能让对方喜欢呢？

乔·吉拉德是美国的汽车销售大王，他曾经在销售过程中有过深刻的体验。一次，一位顾客向他买车，他推荐了一种最好的车型给他。

那位顾客对车也比较满意，并准备掏出10000美元现钞。眼看这笔生意就要成交了，可是，对方却又突然变卦离开。

为此，乔郁闷懊恼了一下午，他不知道原因出在哪里。到了晚上11点，他忍不住打电话给那位顾客：“您好！我是乔·吉拉德，今天下午我曾经向您介绍一部新车，眼看您就要买下，可怎么突然走了？”

对方那边传来了声音：“喂，你知道现在是什么时间吗？”

“非常抱歉，我知道现在已经是晚上11点钟了，但是我检讨了一下午，实在想不出自己错在哪里了，所以特地给您打个电话，希望您能指教！”乔急忙解释说。

对方问：“真的吗？”

“肺腑之言！”乔回答。

对方还是有点不太相信：“很好！你是在用心听我说话吗？”

乔表示：“非常用心。”

对方说：“可是，今天白天，你根本就没有用心听我说话。就在签字之前，我提到儿子吉米即将进入密执安大学念医科，我还提到了儿子的学科成绩、运动能力以及他将来的抱负，我以他为荣。可你呢，却毫无反应！”

乔确实不记得对方有提过此事，因为当时他根本没有注意。乔认为已经谈妥生意了，他无心听对方说什么，反而在听另一位同事讲笑话。

这就是乔失败的原因：那人除了买车，更想得到的是对于自己优秀儿子的称赞，可乔·吉拉德不明白这一点，他只是想当然地以为“已经成交了”。这样做，怎能不失败呢？

对乔来说，对顾客儿子的称赞根本就是无所谓的事，可他并没有意识到这种称赞对顾客的重要性。推销过程中，要想将别人说服，就必须学会替别人着想，懂得站在对方的立场上考虑问题，只有这样，才能达到你最终的说服目的。

在一个家电市场上，一位年轻的销售员陪着一位中年妇女挑选洗衣机，这位顾客几乎把店内所有牌子、不同型号的洗衣机都看过了，可还是不打算买。

这时，销售员并没有催着顾客赶紧买，而是不急不躁地同这位中年妇女拉起家常。

顾客说：“我家有一个瘫痪婆婆，经常尿床。买洗衣机主要是为了洗被褥。”

销售员说：“既然如此，为什么还‘举棋不定’呢？”

顾客回答说：“多少年来，我都是用手工搓洗的，这不也都熬过来了。好不容易才积攒了几百块钱，一下子花掉，值得吗？”

对此，销售员一面表示同情，一面在心里琢磨：看来，就洗衣机谈洗衣机已不能促成这笔交易了。

销售员问：“大姐，你的小孩上学了吗？”

顾客回答说：“过两个月就上学了。”

销售员说：“孩子上学之后，你又要管家务，又要辅导孩子学习，会更忙的。孩子初学阶段要打好基础啊！大姐，我看这洗衣机值得买，可以使您从繁重的家务中解放出来，赢得更多时间来指点孩子的学习。”

销售员的这番话朴实无华，充满了动人之情，终于拨动了慈母的心弦。中年妇女高高兴兴地把洗衣机买走了。

在说服时，只有做到设身处地，站在对方位置，顾及对方的利益考虑问题，才能使说服的语言更有效，更容易打动对方的心灵。

生活里总会有这样的事情：对方或许完全错了，但他却不以为然。这时候，一味地对他进行指责，是不明智的。相反，如果能够平心静气地了解他、理解他，反而更能帮助他此后不会再犯相同的错误。

多替人着想，就是为自己着想！对方有那样的思想和行为一定是有原因的，找出其中隐藏的原因来，便能够明白他为何会有那样的言语与举止。如果你对自己说：“如果我处在他当时的苦难中，我将有何感受，有何反应呢？”这样自己可以省去许多烦恼，也可以增加与人相处的自信心。

先想对方需要什么再谈事

人际交往的一条重要原则就是先替对方着想，再为自己打算。有的人认为自己的利益是最重要的，总是先满足自己的利益再去考虑别人的利益，以为这样才是赚。岂不知，这时候，别人早就看穿了你的为人，不愿意再与你合作了。

不论从事任何职业，不论面对任何人，我们在考虑自己得失的同时，也一定要先考虑一下对方的需要。有时候，帮助了别人就是帮助了自己，机会往往就藏在我们看不到却又触手可及的地方。从对方的需要入手，可以进行有效的说服。

万先生到一家具商场去推销产品，一开口就吃了“闭门羹”。商场经理拒绝推销，使万先生十分尴尬，但万先生只是苦笑了一下，说：“没关系，那我就当您的一个顾客吧。”经理对此不能不表示欢迎。看过商品之后，万先生指着一种优质进口床垫问商场经理：“这种床垫的销路怎么样？”

经理不由叹气道：“一般，顾客对一种新品牌总有个认识过程的。”

万先生给他出了个“点子”：在楼梯口放张床垫，再在旁边迎门立一块告示牌，写上：“踩断一根簧，送您一张床。”经理将信将疑地照办了。结果，顾客进店先蹦床顷刻间便成了一道风景，人们闻风而来，争相蹦踏，笑声不断，接下来的经济效益可想而知了。后来，商场经理从万先生手中买了很多产品。

处理人际关系就像钓鱼一样，你希望得到一个朋友，或者一个客户，你首先要考虑的是：他们喜欢什么？你有什么可以满足他们？靠什么把他们吸引到你身边来？想要说服不同的人，就要学会从对方的需要入手。

在了解对方想法的过程中，进行沟通，会使沟通的工作更加顺利。因为，当不同的个体在沟通的时候，总会产生一些矛盾单体，如果你首先主动了解了对方的想法，是更容易突破这层障碍，促进下一步沟通的。

这时候，对方会对你产生很强烈的信任感，因为觉得你尊重他。因此，他也很容易接受你的一些观点，所以说，先了解对方想法，明白对方需要什么，然后再进行适时的沟通是非常有必要的！

有一次，爱默逊和他的儿子想把一头小牛赶进牛棚，可是，父子俩都犯了同样的错误，他们只想到自己想要的，却没有想到那头小牛想要的。爱默逊在后面推，儿子在前面拽，可是，那头小牛也只想自己想要的，所以怎么拉都不肯离开草地。这一幕被女佣看见了。她见两个大男人满头大汗，徒劳无功，于是便上前帮忙。一开始，爱默逊很不以为然，两个大男人都拉不动，一个女子怎么可能搞定呢？

这个女佣不会写书，也不会做文章，可是，她却知道小牛想要什么。她把拇指放进小牛的嘴里，让小牛吸吮着她的拇指，用很温和的方法就把这头倔强的小牛引进了牛棚。

其实，满足对方的需要并不需要你付出很多，有时候甚至只要改变一下你的说话方式就可以了。比如说，当你不希望别人做某件事的时候，不一定非要义正严词地正面拒绝，可以从另外一个角度来禁止。如果你不想让你的孩子吸烟，你并不需要对他进行苦口婆心的教育，你只要说“如果你吸烟，你就不能进篮球队”这类的话。而这些正是你的孩子想要的，因此他就会很自觉地放弃吸烟的念头了。

事实上，有很多说服之所以失败，就是因为说服者没有捕捉到听众的意愿，总是用自己的想法来代替听众的想法，这样的讲话就不能抓住听众的心，也就造成说服的失败。

客户最关心的是您将如何满足他的需要。因此，要知道客户所需要的是什么，在向客户推销业务时，就不要忘了“投其所好”，要对客户说他们想听的话，而不是您自己想说的话。然后，再针对其需要，说些他们想听的建议，而不是硬向客户推销您想卖出去的产品。

有一对夫妇结婚已经十年了，可一直都没有孩子。因此，太太养了几只小狗，把小狗视为孩子般疼爱。

有一天，先生一下班，太太便唠叨了起来，说来了一个推销员，看到小狗们在她跟前绕来绕去，却视若无睹，这使得她又伤心又生气，根本就没有心思看那个推销员的东西。

又有一天，先生一下班，太太便兴高采烈地对他说："你不是说要买一辆车吗？我已经约好了一位推销员，星期天就要洽谈了。"

先生一听，甚为不悦："我是说过要换一辆车，但没说过现在就买呀！你为什么要自作主张呢？"太太只好告诉了他事情的经过。

原来，这位推销员也是一个爱狗之人，看到这位太太养的狗，便大加赞赏，说这种狗毛色漂亮，有光泽，又清洁，黑眼圈、黑鼻尖，这乃是最高贵的优良品种。推销员的话说得这位太太大悦，如见知音，便对他产生了深深的好感，很快就答应让他星期天来找她的先生进一步详谈。

星期天，推销员依约而至。通过一番交谈后，这位先生很快就被这位推销员说服了。因为推销员仿佛能看得出先生心里的真实想法，句句话都投中了先生的所好，令先生最后"当机立断"，买下了他介绍的车。

这个推销员非常清楚，只要懂得说客户最爱听的话，只要卖客户最爱的车，就能轻而易举地拿到汽车订单。生活中，像这样"爱犬"的夫妇非常多，只要你能够投其所好，表现出对他们宠物的喜爱，他们就会把你当成好朋友。

需要是人的积极性的基础和根源，满足了对方的需要，就可以获得对方的好感，说服也就容易成功了。其实，激起并满足对方需要并不难，可以从以下几方面着手：

1. 尊重的需要

自尊心是每个人一出生就有的，是不容受到伤害的。如果对方受到了尊重，就会感到欣慰和满足。

2. 自主表现的需要

每个人都希望按自己的思想和意愿办事，每个人又希望在他人面前表现自己，尽可能发挥自己的才能，发挥自己的智慧，创造出可观的劳动成果。

3. 交往的需求

社会是人生活乐趣的源泉之一，所以每个人都希望有丰富的生活圈子。

4. 爱好和感情的需要

每个人都有自己的爱好，所以，应尽可能满足对方的心理需求，提供方便，这样才能使对方得到满足

5. 宣泄的需要

人在孤寂或郁闷时，总想找人诉说衷肠，如果能充当倾听者的角色，一定要好好表现。

想象自己是对方，然后再想怎么做

人是感情动物，我们主观上讲逻辑讲道理，但不应该忽视感情这一点。如果你想跟别人建立良好的关系，就要考虑到别人的感情，要学会站在别人的立场上想问题。

说服他人时，应该考虑到对方的感情，看他是否乐意，心中有何想法。人是感情动物，我们主观上讲逻辑讲道理，但不应该忽视感情。

如果你想跟别人建立一种成功的关系，就要考虑到别人的感情。正如保罗·帕卡所说："在与人交流中，讲感情比讲理智更能成功。"

一位女士走进了一家鞋店买鞋，鞋店的男店员态度极好，不厌其烦地替她找合适的尺寸，但都没有找到。最后，他耸了耸肩说："看来我找不到合适你的鞋，你一只脚比另一只脚大。"

那位女士听了这番话，很生气，站起来就要走。鞋店经理听到他们的对话，他请那位女士留步。男店员看着经理劝那位女士再坐下，没过多久，一双鞋就卖出去了。

女士走后，男店员问经理："你究竟是用什么办法做成这笔生意的？刚才我的话跟你的意思一样，但那位女士很生气。"经理解释说："不一样啊，我对她说她一只脚比另一只脚小。"

经理也把真相告诉了那位女士，不同的是，他考虑到了她的感受，所以讲话时注意了技巧，又带着尊重。他从那位女士的角度看问题，获得了成功。

看出别人的感情，然后以尊重的态度为别人考虑，这种本领在说服过程中的确十分有用。正如小说家约瑟夫·康拉德所说："给我合适的字眼，合适的口气，我可以把地球推动。"

只有考虑到别人的情感，照顾到别人的情绪，在说服别人的时候才可能被接受，才不至于被人一口回绝。说服的时候，要知道别人的感受。不这样做，就是贸然行动，会让别人看轻你，别人就会对你失去信任，他们会因为你不了解他们而觉得受到伤害。

美国人杰瑞受雇于一家公司，这家公司主要从事国际经营业务。在为大亨们取咖啡的时候，杰瑞接触到了那些从海外回来的人，他们满肚子都是异国情调的故事。有时候，在上班之前吃早饭的时候碰到他们，就问："嗨，你去过什么地方？"

一个人就说："啊，刚从新加坡回来。我在那里做成了这笔900万美元的交易。"

然后，杰瑞又问另一个人："你呢？"

他说："哦，阿布扎比。"

出于礼貌，他们会问："你去过什么地方？"

杰瑞没什么可谈的。杰瑞每个星期五都到老板那里去，他一次又一次地恳求："给我一些时间，给我一次机会，派我到外国去，让我做成一笔交易。"

纠缠久了，老板终于哼哼道："好吧，杰瑞！我打算派你到东京去和日本人打交道。"杰瑞高兴极了。

一周以后，杰瑞已经在飞往东京的途中，去进行为期14天的谈判。他带上了所有收集到的有关日本人的思想和心理的书籍，一直告诫自己："我真的要做好。"

当飞机在东京着陆时，杰瑞是第一个小跑走下舷梯的人。在舷梯底部，两位日本绅士礼貌地鞠着躬等候他。

这两位日本人帮杰瑞过海关，陪同他上了一辆大型高级轿车。杰瑞舒舒服服地靠在轿车后排奢侈豪华的座位上，而他们则僵直地坐在两张折叠凳上。

当轿车行驶的时候，一位东道主问杰瑞："顺便问一下，您懂日语吗？"

杰瑞说："哦，不会。但是我希望学一些表达方式。我随身带了一本字典。"

同伴说："您担心不能按时赶上您的返程飞机吗？我们可以安排这辆轿车送您回机场。"

杰瑞暗自想："考虑得多周到啊。"他从衣袋里掏出返程机票，递给他们看，以便这辆轿车知道什么时候来接他。当时，他没有意识到这一点，如果他能进入对方的角色考虑问题，就会判断出他们如此周到的目的何在，其实只是想打听他的时间安排。

到达目的地之后，对方没有立即开始与杰瑞谈生意，而是首先让他体验日本人的热情好客和日本文化。到了第12天，终于开始谈判。可是，谈判结束得很早，他们还打了一场高尔夫球。到了第13天，又开始谈判，同样结束得很早，因为要举行告别晚宴。最后，到了第14天的上午，他们认真地恢复谈判。在他们就要涉及关键问题的时候，那辆高级轿车来到楼下接杰瑞去机场。他们全部挤进车，继续谈判，因为时间关系，杰瑞只好作出巨大让步，签了合同。

此后，上司每提及这件事就说："这是自珍珠港事件以来日本人取得的第一次伟大胜利。"

为什么会出现这种意外的失败呢？因为杰瑞的东道主知道他的期限，而他却不知道他们的。他们拖延着不让步，他们站在杰瑞的立场，正确地估计到他不会让自己空手而归。

生活中，有太多的人不懂得如何运用这条规则，这是导致他们人生失败的一大原因。可是，也许他们至死都不知道，由于不懂得站在对方的立场考虑问题，他们丧失了许多可以成功的机会。

面对对手，这一条规则就显得更为重要了。实际上，我们都很明白，站在对方的立场看问题，就是孙子兵法"知己知彼，百战不殆"的现代运用。站在对方的立场看问题，有助于我们"知彼"，也大大有益于我们"知己"。

在与人沟通的过程中，你得考虑一下对方的看法、感觉是什么，还有为什么。站在对方的立场考虑问题，你会发现，此刻的你就如同是别人肚子里的蛔虫，他的所思所想、所喜所忌，都在你的视线中。

如果你不想造成尴尬局面和被动局面，那么最好的办法是站在对方的立场去观察，这样就能拉近双方的距离，弥合双方的矛盾。成大事者深知此理，因此也都是运用此理的高手。如果你想说服别人，你必须这样做：让他们说话，并且试着站在他们的立场上。

推崇对方，让对方认为自己很重要

在我们的生活中有那么多不尽如人意的事情在发生，让人觉得烦恼和苦闷。在这个缤纷多彩的世界里，每个人的个性都不尽相同，我们不能把自己的思想、行为强加于人，可我们又必须在一起生活、工作、交往。因此，人们常常需要得到对方的推崇。

要想别人重视你，首先你自己要先尊重别人，站在别人的角度考虑问题，你真诚地赞美别人，使他充满了自信，从中获取了真正的愉悦和满足，这样，对方也会以同样的方式对你。

在这个社会，每个人都想做主角，如果你能衷心地认为他很重要，那么，他一定愿意为你赴汤蹈火。

在美国，有两个兄弟同时参加州长的竞选。为了得到更多的支持者，哥俩想尽了办法。

为了博得选民的好感，哥哥送给选民每人一把扇子、一本日历，树立起了极富热情的候选人形象。弟弟则不落俗套，每当他发表政见以前，一定会先摸摸口袋，伸出手问在场的人："谁愿意给我一支烟？"

结果，弟弟在竞选中旗开得胜。

就选民的心态而言，能将东西给一位伟大的政治家，是何等荣耀的事。因此，弟弟得到选民的狂热支持。

生活中，几乎遇见的每个人都以为在某些地方比你优秀。所以，打动他们内心的最好方法，就是有技巧地表现出你衷心地认为他们很重要。因此，"谁愿意给我一支烟”的方法能让对方觉得自己很受重视，同时从心底接受你。

美国著名政治家富兰克林青年时期开了一个小小的印刷所。那时，他被选为本雪尔文尼亚议会的书记。

在选举之前，有一位议员发表了一篇明显表示反对他的演说。演说把富兰克林批评得一文不值。这位议员是一位有身份、有学识、有教养的绅士，他的声誉和才能使他在议院里有一定的地位。富兰克林想要说服这位议员支持自己。

一次偶然的机会，富兰克林听说这位议员的藏书室里有几部很珍贵、很稀有的书。他想出了一个办法。

富兰克林写了一封简短的信给这位议员，说自己想看看这些书，希望议员能答应借给他几天。没想到这位议员接到信后，立刻就把书送来了。

大约过了一个星期，富兰克林就将那些书送还议员，另外附了一封信，热情地向他表示感谢。这样，当他们下一次在议院里遇见的时候，这名议员居然主动和富兰克林握手交谈了，而且非常客气，并且说愿意在一切事情上帮忙。于是，两个人成为知己，美好的友谊一直维持终生。

有很多人对于别人来乞取“小惠”常常是很高兴的，尤其是当对方所乞取的东西恰巧是自己所最得意的东西时。富兰克林运用这个策略，获得了成功。

富兰克林巧妙地、不露痕迹地表示了推崇别人的意思。那位议员俨然是一位施主，而富兰克林变成一个乞求施舍的人。这位议员感到了自己地位的优越和重要，对于富兰克林的鄙视也在短时间内完全消失，并很快与富兰克林握手言欢并成为挚友。

类似的做法，也可用于工作中的说服。例如，想要说服下属接受一项任务时，可先说“我想求你帮我做一件事”，再将内容说出。虽然只是简单的一句话，但若经常使用，便能使懒惰的职员发愤图强，或安抚具有反抗心的职员。

全世界知名的“玫琳凯化妆品公司”创办人玫琳凯女士，曾讲过一个故事：

多年前，她开着一辆老旧汽车，到福特汽车的展示中心去，因为她手头上有钱，想买一部黑白相间的新轿车。

进了福特展示中心，业务员看她开着老旧的车子，断定她买不起新车，所以，就不把她当一回事。当时刚好是中午，业务员说："我赶着赴午餐约会，先走了。"

由于玫琳凯女士急着购买新车，所以想见业务经理，但经理也不在。于是，玫琳凯只好悻悻地逛到对街的汽车展示中心。

该中心正在展示一辆黄色轿车，她很喜欢，可是，价钱却远远地超出了她的预算。

可是，那位业务员十分殷勤、诚恳。闲聊时，玫琳凯说："我之所以想买车，是因为今天是我的生日，送给自己当'生日礼物'。"

听到这里，业务员礼貌地说："对不起，我先有点事，一分钟后，我马上回来。"

一分钟之后，一位秘书小姐带来一束玫瑰，业务员礼貌地送给玫琳凯女士："祝您生日快乐！"

当时，玫琳凯真是太讶异、太意外了！最后，玫琳凯购买了远远超过预算的这辆黄色轿车。

聪明的业务员看到了玫琳凯女士身上散发出来的无形的讯号——"让我感觉很重要"，而他所表现的，就是让玫琳凯女士感觉"自己很重要、很受礼遇"！

每个人都期待"感觉自己很重要"，因为人的"自我价值感"是经由别人的肯定、赞美而体现出来的。只要"让他感觉自己很重要"，对方也会善意地给我们正面的回馈。

用“诱饵”吸引对方的注意力

喜欢钓鱼的人士都知道：要想让鱼上钩，你必须先要给它下鱼饵。美国独立战争时期，高级将领依特·乔奇曾经说过：“如果希望身居高位，那么就应该明白钓鱼的原理。从鱼儿的愿望出发，放对了鱼饵，鱼儿才能上钓，这是再简单不过的道理。不同的鱼要使用不同的鱼饵，如果你一厢情愿，长期使用一种鱼饵去钓不同的鱼，你一定是会劳而无功的。”

对于说服来说，同样如此！要让对方心甘情愿地被征服、被吸引、被掌控，你要懂得给他一定的利益。

这个世界充满“诱饵”，无论你是看电视、听收音机、读报纸，还是阅读书籍、杂志或浏览广告牌，“诱饵”每日、每夜、每小时都在你眼前晃荡着，诱惑着你。

早在两千多年前，李斯呈给秦王嬴政的《谏逐客书》，用了短短不到一千字，竟然说服了这个封建专制国君改变错误决定，收回成命，立即取消了正在执行中的逐客令。这实在是难能可贵的，很值得我们学习和借鉴。

《谏逐客书》是李斯向秦王嬴政上的一篇奏章，写于秦国吞并六国以前。当时，韩国为减轻强秦对自己的威胁，派了一个名叫郑国的人去帮助秦国修渠，企图以此来消耗秦国的人力物力。这个意图被识破后，秦国一些目光短浅的贵族、大臣就认为所有别的诸侯国的人在秦国做官，都没安好心，应该统统赶走。秦王采纳了他们的建议，下了逐客令，李斯也在被逐之列。在被押送出境的途中，他写下了这篇《谏逐客书》。秦王看后，马上取消了逐客令，恢复了李斯等客卿的官职。

李斯的《谏逐客书》为什么会有如此巨大的威力，能够起到“挽狂澜于既倒，扶大厦之将倾”的作用呢？根本原因就在于他能够设身处地为对方着想，主动给对方抛出了“诱饵”。

每个人都有自己想问题的观点和角度，有自己特定的意愿和需求——这能导致他自觉的行动。所以，你如果要劝说一个人去做某件事，最好在开口之前先问问自己：我怎样才能使他愿意去做这件事呢？不了解对方的意愿，自己认为怎么好就怎么做，难免招致失败。只有设身处地为对方着想，才有可能说服对方。

李斯在《谏逐客书》中正是处处站在秦王的立场上，设身处地为秦王着想，因而句句都说到了秦王的心窝里。他紧紧抓住并围绕着秦王梦寐以求的愿望“跨海内，制诸侯”，“成帝业”，即：吞并六国、统一天下这个远大的政治目标，从正反两方面反复论证逐客的害处。

正如高薪是招聘优秀人才永不褪色的绝招一般，我们要想说服别人，让别人听从我们的建议或意见展开行动，那在一定程度上，就要满足对方对物质的需求，给对方一定的“诱饵”。

金钱具有左右人们行为的力量，就是其中的一个“诱饵”。有这样一个故事：

瑞士有一位研究生成功研制了一支电子笔及一套辅助器件，可以用来修正遥感卫星拍摄下来的红外照片。

这项发明立即引起了全世界的关注。美国的一家大企业闻讯后，迅速派人找到了那位研究生，以优厚的待遇作为条件，要求这个研究生去美国工作、学习。当然，与此同时，瑞士以及其他国家的一些公司也想留住他。

于是，各方展开了激烈的人才争夺战。这些公司都无一例外地要给他高薪。随着筹码的不断增加，这场人才争夺战打得不可开交。

最后，精明而又大胆的美国公司代表说：“现在，我们什么都不说了，等其他公司的最高薪酬确定了后，我再乘以5。”

最终，这位研究生带着他的发明去了美国。

为了将人才吸引进来，各方都采取了重金收买的政策，可是，最终还是美国胜利了。为什么呢？究其原因，就是美国抛出的“诱饵”太诱人了！面对如此高的诱惑，哪个人会不为之所动呢？

从根本上来说，人类有两种需要，一种是精神上的，另一种是物质上的。为了说服对方，我们往往使用精神激励来满足他“心理上的需要”，用物质激励来满足他“生理上的需要”。

由于物质是人类生存的基础和基本条件，衣食住行是人类最基本、最本质的需要，从这种意义上说，物质利益对人类具有永恒的意义，是个永恒的追求。

要想说服别人，就要善于利用利益的供给和分配，以此作为“诱饵”进行说服。优秀的管理者总是乐于考虑给他的下属以较高的工资，因为，他们知道，高工资最能提高员工的积极性。

管理者都明白这样一个道理，真正的天才是无价的，即使是花费万金也在所不惜。薪酬能提供一种保障，能够给员工一种宽慰，这就好比农民有一片好土地，在风调雨顺的时候，可以保证他年年能有一个好的收成。

当然，在这个世界上，也有很多不贪财的人，或是信奉“君子爱财，取之以道”的人。在说服这些人时，用金钱作为筹码反而会让他们极为反感。这就要求说服者因人而异，选择不同的诱饵。

金钱并不是说服对方的唯一诱饵，“诱饵”应该指能吸引住被说服者的一切东西。对于爱财的被说服者，我们选择以钱开道；对于不贪财的被说服者，我们可以给予他其他方面的好处。比如，如果被说服者是一个爱画的人，一幅好画会让他魂梦萦绕；如果被说服者是一个爱国的人，国家的利益就是最能打动他的力量；如果被说服者是一个饥饿的人，一钵热饭就能使之热泪盈眶……我们在说服对方时，应该抛出最能打动对方的“诱饵”，使他无法回绝。

让对方先占你的便宜

一个面包师长期从他邻居的一个农民那儿购买黄油，有一天，他发现黄油的分量不足，以后定期称量，每回都是这样，于是他把农民告到了法官那里。

农民在法官面前辩解说："在面包师向自己购买黄油的同时，自己也一直向他购买同样重量的面包，并且以他的面包作为称黄油的砝码。如果砝码不准，就不是我的过错，而是他的过错了。"

面包师听了，哑口无言。

我们怎样对待世界，世界就会怎样对待我们；我们怎样对待周围的人，周围的人就会怎样对待我们。你把自己最美好的东西给别人，就会从别人那里获得最美好的东西。你帮助别人越多，你得到的就会越多，你越吝啬，就会一无所有。

这就是著名的"回报规律"。回报规律说的是我们应当礼尚往来：如果对方给了我们什么好处，我们自然会觉得有必要做出回报。例如，有人给我们寄了一张元旦贺卡，我们应回寄一张；如果有人邀请我们吃饭，我们会回请他。

清代著名书画家郑板桥擅长画竹、兰、石、菊，字写得也棒。当时，慕名上门来求他字画的人不少，郑板桥也不客气，写了一张价格表贴在大门上，明码标价，颇为痛快直爽。

不过，郑板桥恃才傲物，鄙视权贵。有些达官显贵想索求书画，哪怕推着装满银子的车来，也会被拒之门外。

有位大富豪新盖了一幢别墅，布置得非常豪华富丽，但就是缺少点斯文气息。有人建议说："为什么不弄两幅郑板桥的字画，往客厅里一挂，岂不就高雅脱俗了吗？"

于是，富豪便拎着钱箱往郑板桥家跑。名片递进去后，照例被挡在了门外，门童不是说"先生外出"，就是说"先生不舒服，在练气功"。一连几次都是如此。

于是，大富豪派手下人四处打探郑板桥的生活习惯和各种爱好。

这一天，郑板桥出来散步，忽然听见远处传来悠扬的琴声，曲子甚雅，不觉感到好奇，这附近没听说有什么人会弹琴呀？于是，循声而去，发现琴声出自一座宅院。

院门虚掩，郑板桥推门而入，眼前的情景让他大感惊讶：庭院内修竹叠翠，奇石林立，竹林内一位老者鹤发童颜，银发飘逸，正在拂琴而鸣。哎呀，这不分明是一幅图吗？

老者看见他，立即戛然而止，郑板桥见自己坏了人家兴致，有点不好意思。老者却毫不在意，热情让他入座。两人谈诗论琴，颇为投机。

谈兴正浓，突然，传来一股浓烈的狗肉香，郑板桥感到很诧异，但口水已经忍不住要流下来。

一会儿，只见一个仆人捧着一壶酒，还有一大盆烂熟的狗肉，送到他们面前。一见狗肉，郑板桥的眼睛就粘在上面，老者刚说个"请"字，他连推辞的客套话都忘掉了，迫不及待地狂喝酒，猛吃肉。

风卷残云般地吃完狗肉，郑板桥这才意识到，连人家尊姓大名还不晓得，就糊里糊涂地在人家这里大吃一通。现在酒足饭饱，总不能就这么一甩袖子，说声"拜拜"就走吧！

然而，该怎么答谢人家呢？

留点银子吧，不仅太俗，而且自己出来散步没带钱呀。于是，他对老者说："今天能与您老邂逅，实在是幸会，感谢热情款待，我无以回报，请您找些纸笔，我画几笔，也算留个纪念吧。"

老者似乎还有点不好意思，连声说："吃顿饭不过是小意思，何必在意！"

郑板桥以为他不稀罕书画，便自夸说：“我的字画虽算不上极佳，但还是可以换银子的。”

老者这才找来纸笔，郑板桥画完，又问老者的名，老者报了一个。郑板桥觉得耳熟，但又想不起来是怎么回事，还在落款处题上“敬赠某某某”。看看老者满意地笑了，这才告辞离去。

第二天，这几幅字画就挂在大富豪别墅的客厅里，大富豪还请来宾客，共同欣赏。

消息传开后，郑板桥简直不相信自己的耳朵。他又沿着那天散步的路线去寻找，发现那原来是座无人居住的宅院，这才意识到，自己贪吃狗肉，竟然落入人家的圈套，上当啦。

中国人常说“吃人家的嘴短、拿人家的手软”。这也是对中国人一种普遍心理的描述：一旦接受了人家的好处，占了人家的便宜，就不那么好意思再拒绝人家的请求了。

给对方好处，让对方欠你的人情的方式很多，比如，给对方提供某些便利，帮助对方解决困难等。当然，最常见的是送礼。

送礼可不是一件容易的事，送礼要有效，不仅要送得对，还要送得巧。送礼要注意场合，不要在公开场合送，最好是对方在家时送。

送礼讲究“天时地利人和”，也就是说，送礼如果选择的时机、地点不恰当，采用的方式不合适，很容易遭到拒绝。因此，送礼要把握时机。佳节、佳期都适合送礼；对方处于困境时，也是送礼的好时机。有句成语叫雪中送炭，这时候送礼，情最重。

张先生经营一家电脑专卖店，柳先生是某高新技术企业的研发经理。柳先生曾在张先生的专卖店采购过几台电脑。

一天，在一家商场，两人偶然相遇，柳先生正带着他读小学的独生女逛商场。两人边走边谈些生意上的事。当经过卖衣柜时，张先生注意到柳先生女儿的眼光落在一件红色衣服上。

这时恰好临近开学，开学前，张先生来到柳先生的家里，送给柳先生的女儿一件红色的外套。柳先生的女儿非常开心，见到女儿如此开心，柳先生也不好拒绝了。

当然，柳先生也不是傻瓜，他心里明白，有一天，他得给张先生一个面子，将这人情还上。

回报规律的威力之大，以致使被说服者能答应他们之前从未考虑过的，甚至是他们所不喜欢的人的请求。

有一项实验，两名学生在受训后，向不知这是一项实验的工人们推销兑奖券。在开始推销兑奖券之前，其中一位学生故意千方百计地去讨人喜欢，对那些工友又和善又体贴；为了对比起见，另一位学生则千方百计地去惹人讨厌，又粗鲁又不为他人着想。

工人们休息时，那名粗鲁又不为别人着想的学生买了几瓶可口可乐，来给这些工友们喝。过了一会儿，两名学生就开口要他们这些工友帮一个忙："请你们买张兑奖券好吗？"

结果发现，那名不讨人喜欢而却利用回报规律的学生所售出的兑奖券是另一名学生的两倍之多，不管后者被认为是多么可爱。

如果你有求于人，不妨先给对方好处，让对方先占你的便宜，让他欠你的人情，然后再提出请求。这样，哪怕他有些为难，不想帮你，也会因拂不了人情而不能不帮你。绝大多数人通常会拒绝一些无关紧要的请求。要想增加说服他们的可能性也很简单，只要在提出请求之前先给他们一点小恩小惠就好了。

刺激对方一下，玩的就是心跳

利益是人类永恒的追求。不管你的说服对象是谁，他既然存活在这个世界上，就一定依赖于对资源的占有。善于说服的人，会贡献给对方一定的物质刺激，使之就范。

每个人都很关心与自己有关的一些利益，当你想要说服一个人的时候，可以选择适当给他一些好处，让他为之动心。

有人对冷战期间发生在美国的139起间谍案做过统计，结果发现，有55.4%的美国人是出于自己利益的考虑而充当间谍的。

据说，谍报机构在进行招募时，总是优先考虑那些自私自利、贪财如命的招募对象。曾任英国军情五局局长的罗杰·霍利斯曾有一句名言："我的经验是，每一个人无一例外地都有他的价格，只不过我的价值是极其昂贵的。"

弗兰克·博萨德是美国陆军谍报机构的高级官员，1956年在德国工作，负责审讯叛逃出来的科学家、工程师和技术人员。几年之后，博萨德回到伦敦，在航空部负责经管有关导弹技术方面的情报资料。苏联的克格勃组织决定对他进行招募。

有一次，博萨德正在一个小酒馆用餐，就餐完毕之后，侍者找给博萨德几枚硬币。在他旁边用餐的客人戈登针对这几枚硬币开起了玩笑，两人很快就进入了有关硬币的话题，而且很快就熟悉起来。

戈登说："我对硬币也很有兴趣。"

博萨德发现，尽管他并没有提及自己的工作，但戈登似乎对他的工作了如指掌。他把话题引向了德国，勾起了博萨德对德国舒适生活的回忆，同时也引发了博萨德对回国工作后收入锐减的不满。

戈登同情地看着博萨德，说："我可以为你提供一些帮助。"

一个星期之后，他们两人在一个饭店里见了面。戈登直言不讳地说："我是代表苏联大使馆的，他们很想得到情报资料，并愿意为此付出高价。"然后，他交给博萨德 200 英镑。

当时的博萨德正缺钱花，因此，毫不犹豫地接受了这笔钱，并同意提供情报资料。

作为英国陆军谍报机构的高级官员，弗兰克·博萨德本是一个忠于国家的人，但在金钱利益的诱惑下，他很轻易地被俘虏了。我们在说服别人的过程中，如果能点明给对方好处的话，说服起来自然事半功倍。

在试图说服对方时，首先必须让他对你的话产生兴趣。因此，你要做的一件事就是引起他的注意。这时候，你同样需要运用一个利益的诱导，以便在一开始就能吸引你的听众，让他们记住你。

春秋时期，晋国国君晋灵公奢侈腐化，不惜民力。有一年，他下令兴工建造一个九层的高台。这需要大量的人力物力，必然会给老百姓造成沉重的负担，使国力衰竭。因此，大臣和老百姓都反对建九层高台。

但是，晋灵公坚持己见，并在朝堂上严厉地对大臣们说："敢有劝阻建高台的，立即斩首！"一时间，朝廷上下的气氛，都被搞得十分紧张。没有哪个大臣是不想保全身家性命的，他们都被吓得噤若寒蝉，一句反对的话都不敢说！

这时候，有个叫孙息的大臣求见了晋灵公。君臣见面后，孙息对晋灵公说："我能把九个棋子堆在一起，上面还能放上九个鸡蛋。"

晋灵公听了之后，感觉十分新鲜，不相信孙息会有这么高的技艺，但是又急于一饱眼福，就说："我还从来都没有听说过这样的事情，今天就请你给我摆摆看！"

晋灵公叫人拿来棋子和鸡蛋，孙息便动手摆了起来。他先是小心翼翼地把九个棋子堆了起来，然后又小心地将鸡蛋放置在棋子上。只见他放上一个鸡蛋，又放第二个、第三个……战战兢兢，如履薄冰。

屋里的气氛变得紧张、沉寂起来，只能听见鸡蛋碰棋子的声音。围观的大臣们一个个都屏住呼吸，生怕鸡蛋落下来。就连孙息的额头上都冒出了汗水。

晋灵公看到这情景，实在耐不住了，上气不接下气地说："危险！危险！"

晋灵公刚说完"危险"，孙息从容不迫地说："这算不了什么危险，还有比这更危险的呢！"

"啊！"晋灵公惊诧了一声，"有什么比这更危险呢？"

孙息将一个正要放置的鸡蛋握在手里，慢条斯理地说："建九层之台就比这危险，三年都不一定建得成。这三年之中，要征用全国的壮丁服劳役，人民会逃亡、谋反。邻国见我国弱民穷，就会兴兵犯境。如果国家灭亡了，大王您自己也就完了。这不比摆棋子鸡蛋更危险吗？"

晋灵公听到这条警告，觉得既合理又可怕，不由得吓出一身冷汗，对孙息说："建九层之台，是我的过错。"

随即，晋灵公便命令平毁正在施工中的九层之台。

孙息的高明之处就在于，先给了晋灵公一个刺激："我能把九个棋子堆在一起，上面还能放上九个鸡蛋。"这激发了晋灵公的好奇心，并且有了进一步了解的欲望，然后孙息才有机会让晋灵公听自己阐述道理。

物质刺激能够满足人们的基本生活的需要，钱能让人们买来所需要的生活必需品。在自给自足的社会里，人们可以自己生产绝大多数的生活必需品，而在现代高度商品化的社会中，我们需要钱购买所需要的一切，我们需要钱来支付我们的日常生活开支。我们的安全感在很大程度上建立在对金钱的拥有上。

现代心理学理论认为，人类的行为是一个可控的系统。借助于心理的方法，对人的行为进行研究和分析，并给予肯定和激励，使有利于生产、有益于社会的行为得到承认，达到定向控制的目的，使其强化，这样就能维持动机，促进这些行为的保持和发展。

外国比较有名的企业一向对物质激励十分重视，认为这是激发人的动机、调动积极性的重要手段。

在瑞典一家知名调查机构所得出的“最受MBA欢迎的50家企业”的调查报告中，宝洁公司榜上有名。无独有偶，在最近一份“最受中国大学生欢迎的外企”的调查报告中，宝洁公司依然名列前茅。

宝洁公司如此受雇员的青睐，其中一个重要的原因就是宝洁公司为员工提供了比较有竞争力的薪酬。每年，宝洁公司都会请国际知名的咨询公司做市场调查，内容包括：同类行业的薪酬水平、知名跨国公司的薪酬水平。然后，根据调查结果及时调整薪酬水平，从而使宝洁的薪酬能够具有足够的竞争力。

有位学者说过，企业不仅仅要事业留人、感情留人，更需要金钱留人、福利留人。某个外国民意调查组织在研究以往20年的数据后发现，在所有的工作分类中，员工们都将工资与收益视为最重要的指标。物质刺激能极大地影响一个人的行为，在说服的过程中，自然要考虑到利用这一点。

目光长远点，丢了芝麻才能捡着西瓜

一个年轻人向富翁请教成功之道。富翁拿了三块大小不等的西瓜放在青年面前，问他："如果每块西瓜代表一定程度的利益，你会选择哪一块？"

年轻人毫不犹豫地回答："当然是最大的那块！"

富翁听了，笑道："好，那请用吧！"

富翁把最大的那块西瓜递给年轻人，自己则吃起了最小的那块西瓜。很快，富翁吃完了小块西瓜，他拿起桌上那块第二大的西瓜，在年轻人年眼前晃了晃，接着大口吃了起来。年轻人马上就明白了富翁的意思。

富翁吃的西瓜虽然每一块都比年轻人的西瓜小，但加起来之后，却比年轻人吃得多。而如果每块西瓜各代表了一定程度的利益，那么富翁所占的利益自然要比年轻人多得多。

眼前的利益固然重要，但更为重要的是长远的利益。当你拥有一个梦想之后，就要全力以赴，不要为了眼前的小利益，而放弃自己远大的梦想。否则，你只能平平庸庸，而不能成就自己的辉煌。

亨利从小家里就很穷，但是一家人充满了爱和关心。所以，他是快乐而有朝气的。他有一个梦想——为母亲买一幢房子。

亨利非常喜欢运动，在他 16 岁的时候，他就能够压碎一只棒球，能够以每小时 90 英里的速度扔出一个快球，并且撞在足球场上移动着的任何一件东西上。亨利的高中教练是奥利·贯维斯，他不仅相信亨利，而且还教他怎样自己相信自己。他告诉亨利：拥有一个梦想和足够的自信，会使自己的生活有怎样的不同。后来，贯维斯教练对亨利所做的一件特殊的事情，永远地改变了他的生活。那是在亨利低年级升入高年级的那个夏天，一个朋友推荐他去做一份暑假工。这是一个意味着他的口袋里会有金钱的机会，有钱可以和女孩子约会，当然，有钱还可以买一辆新自行车和新衣服，还意味着为他的母亲买一座房子的储蓄的开始。

对亨利来说，这份夏日的工作对他是极具诱惑力的，这使他高兴得跳了起来。

可是，接下来，亨利便意识到，如果去做这份工作，他就必须放弃暑假的棒球运动，那意味着他必须得告诉贯维斯教练他不能去打球了。如其所料，当他把这件事情告诉贯维斯教练的时候，教练真的生气了。

"你还有一生的时间可以去工作，"教练说，"但是，你练球的日子是有限的，你根本浪费不起！"

"孩子，你做这份工作能挣多少钱？"教练问他。

亨利低着头站在他面前，努力向他解释："每小时 3.25 美元。"

教练继续问道："你认为，一个梦想就值一小时 3.25 美元吗？"

这个问题，简单得不能再简单了，它赤裸裸地摆在亨利的面前，让他看到了立刻得到的某些东西和树立一个目标之间的不同之处。

那年暑假，亨利全身心地投入到了运动中去。同一年，他被匹兹堡海盗队挑选去做队员，并与他们签订了一份价值 2 万美元的契约。后来，亨利在亚利桑那州的州立大学里获得了足球奖学金，那使他获得了接受教育的机会；在全美国的后卫球员中，他两次被公众认可，并且在美国国家足球联盟队队员的挑选赛中，他排在了第七名。

1984 年，亨利与丹佛的野马队签署了 170 万美元的合同。他终于为他的母亲买了一座房子，实现了他的梦想。

眼前的利益固然重要，但更为重要的是长远的利益。当你拥有一个梦想之后，就要全力以赴，不要为了眼前的一点小利益，而放弃了自己的远大梦想。

否则，你只能平平庸庸，而不能成就自己的辉煌。

为了获得更大程度上的满足，说服者应该学会放弃一些微不足道的或者对整体利益影响不大的小利益，表示向对方妥协和退让，以换取更大的利益。

1952 年，日本松下电器公司就技术合作的有关问题与荷兰的菲利浦公司进行了一次谈判。

松下公司的董事长松下幸之助经过努力，把菲利浦公司要求销售额 7% 的技术援助费压低到了 4.5%，但是，菲利浦公司要求对方将专利转让费定为 55 万美元，并且必须一次性付清才能够达成协议，否则就得取消合作。

当时，松下电器公司的资本总额不过 5 亿日元，而 55 万美元的专利转让费已经相当于 2 亿日元。如果总共只有 5 亿元资本的松下公司一次性就要支付 2 亿日元，这对松下电器公司无疑是个相当沉重的打击，势必造成公司在经营上的窘迫局面和资金周转的巨大困境，甚至有破产的危险。

但是，如果不答应对方的条件，对方就要取消合作，公司之前的努力就将全部付诸东流。该公司一下就陷入了两难的境地。一时间该公司上上下下都在考虑：要不要答应对方的条件和要求？要不要向对方妥协和退让？

松下幸之助感觉到，如果以妥协和退让同对方达成一致，会有利于日本电子工业的发展，同时更有利于松下电器公司的发展和壮大，但是，这需要付出一笔巨大的资金款项。而且，荷兰方面草拟的条约几乎完全偏向荷兰一方，比如，条约规定：松下电器如果犯了什么错误，要接受一定的处罚；而如果是菲利浦公司犯了错误，该怎么处罚则根本没有任何规定。

就在大家犹豫不决的时候，通过调查，松下幸之助发现了这样一个重要的信息：菲利浦公司的研究所有 3000 名研究人员，他们拥有先进的设备，每天都在进行着最新技术和产品的研究和开发。

松下幸之助认真考虑了一番，他认为，如果创建一个同样规模和实力的研究所，可能需要花费几十亿日元的资金，并且要花很长的时间来培养这些研究员。而现在只用花费 2 亿日元就可以充分利用这个研究所的所有人员和设备，这是相当划算的交易啊。

想到这些，松下幸之助终于下定决心，咬紧牙关同菲利浦公司签订了技术转让的条约。公司的发展果然如松下幸之助所预料的那样顺利，不久以后，他就创立了松下电器的子公司，菲利浦方面则派出了 3 名技师前往赴任。

松下幸之助以2亿日元的代价，就利用了菲利浦公司最先进的技术和设备，为松下公司以后发展成为全世界有名的电器公司打下了坚实的基础。

关于松下电器公司同菲利浦公司的这场谈判，在形势对松下非常不利的情况下，松下幸之助运用以退为进的谈判策略，作出了极大的让步和妥协，接受了对方提出的苛刻的甚至不公平的条件，而最后则赢得了举世瞩目的松下电器公司的发展壮大。

牺牲自己的部分利益以换取更大的利益，是一种以退为进的策略，主要采用的是迂回战术，通过暂时的退让和妥协来达到进取的目的。在实际的说服过程中，放弃眼前的小利益，不但能够改变陷入僵局的尴尬气氛，而且还能够为自己带来最终的巨大利益。

第十一章

说服不能硬来，有理有据才硬气

——以理服人说服法

俗话说，吃饭吃米，说话说理。学会以“理”服人，是人类文明进步的一大标志。一说到讲道理，好像每个人都清楚，个个都明白，没有什么可谈之处。不过，生活中，讲道理虽然很普遍、很普通，但其中也有一个讲艺术的问题。如果能够将“道理”重视起来，对于说服工作是有重要的意义的。

避免争论是解决争论的最好办法

青年人之间经常喜欢争论，这是很正常的事。我们会发现，这些争论往往都是以面红耳赤和不愉快结束的。事实证明，无论谁输了，都会很不舒服，更何况争论往往会演化成直接的人身攻击，对于人际关系是非常有害的。因此，解决观点上的不一致的最好途径是讨论、协商，而不是争论。

记得有一本书，其中这样讲：人生有三大错误，即浪费时间、计较小事和无休止的争论。

然而，在生活中，10 次有 9 次辩论结束之后，每个争论的人都比以前更坚信自己是绝对正确的。其实，你赢不了争论。要是输了，当然你就输了；假如赢了，你还是输了。

天底下只有一种能在争论中获胜的方式，那就是避免争论。争论或许能让你得到一些胜利的快慰，但那种胜利是空洞的，你永远得不到对方的好感。你的胜利使他自惭，伤了他的自尊，他会怨恨你的胜利。你绝不可能从辩论中得到真正的胜利，不论辩赢辩输，到头来你都会失去某些东西。

为什么？假如你的胜利使对方的论点被攻击得千疮百孔，证明他一无是处，你会觉得洋洋自得，但他呢？你使他自惭，你伤了他的自尊，他会怨恨你的胜利。一个人即便口服，心里也不一定服。

富兰克林曾说："据理力争，或许偶然能让你得到一些胜利的快慰，但那种胜利是空洞的，因为你永远得不到对方的好感。"于是，你要衡量一下：你是要那口头的、表面上的胜利，还是别人对你的好感？

一位西方小伙子叫欧哈瑞，年轻的时候，非常喜欢跟别人抬杠。他当过汽车司机，后来改行推销卡车。其实，推销员这个职位根本就不适合他这个爱抬杠的人，每次面对客户的挑剔，他都会涨红脸大声强辩。

欧哈瑞承认，那时候他在嘴上赢得不少辩论，但是这对他自己的工作一点用处都没有，他一辆卡车也没有推销出去。渐渐地，他意识到自己的弱点，就从各个方面反省自己，改变自己。他开始懂得克制自己，避免和客户发生口角。

一天，欧哈瑞走进了顾客的办公室，对方说："什么？怀德卡车，不好！我要的是何赛的卡车。怀德的卡车送给我我都不要！"

欧哈瑞说："老兄，何赛的卡车确实不错！买他们的卡车绝对错不了。"

这样的对话方式，让顾客无话可说，没有抬杠的余地。现在，欧哈瑞成了一名明星推销员。

就这样，欧哈瑞成功地运用了舍车保帅的策略，尽管对方在口舌上占了上风，但是，他却在推销卡车上取得了胜利。欧哈瑞的例子，最终应了本杰明·富兰克林的那句话："如果你老是抬杠、反驳，也许偶尔能获得胜利，但那只是空洞的胜利，因为你永远得不到对方的好感。"

因此，要想做人成功，自己应该衡量一下：是要字面上的、表面上的胜利呢，还是要别人对你的好感呢？在为人处世的激烈角逐中，你争论的可能有理，但要想改变别人的想法，就大错特错了，靠辩论很少会让人服气。

在争论中，或许你是有理的，但是，要想改变别人的想法，你就必须学会舍弃。不论你所持的观点是正确的，抑或是错误的，在对手的眼里，它们都一样不具有任何意义。事实上，任何人都不可能在口舌之辩下屈服。

波士顿某杂志，曾经刊出过这么一段发人深省的诗句，其内容是这样的："威廉·杰长眠于此，穷其一生，他都未尝错过，他做的事，永远是正确的。然而，当他长眠地下时，是与非，于他何异。"不论你所持的观点是正确的，抑或是错误的，在你的对手眼里，它们都一样不具有任何意义。威尔逊总统任内的财政部长威廉·麦卡多，在政坛打拼多年，他的结论是："要想借着争辩来打败一个无知的人，那无疑是缘木求鱼。”

麦卡多先生只针对“无知之人”下此定义，算是一种保守的说法。事实上，任何人都不可能在口舌之辩下屈服。

人际交往中，很容易出现双方观点、意见不一致的情况，你要尽力使不同的意见不致成为争论的主题，即使有争论，也尽力使其和谐。而误会的化解，也绝非争辩所能做到的，必得经由谅解、安慰和设身处地地为对方着想，才有可能化怨气为祥和。

有一次，林肯斥责一位和同事发生激烈争吵的青年军官。“所有决心有所成就的人，”林肯说，“决不肯在私人争执上浪费时间。争执的后果不是他所能承担得起的，后果包括发脾气，失去了自制。当你遇到恶犬挡道时，最聪明的方法，还是避开它，别跟它为争夺路权而起冲突，如果被它咬伤了，就算你最后杀了它，你的伤口仍将存在。”

在职场之内，人人可以发表自己的高见，能够以和平方式进行讨论当然最好，这样可以避免面红耳赤的争论，从而促进彼此对事物的理解，这是一种双赢的职场沟通技巧。

避免争论只为免伤感情，也并非要完全放弃自己的看法，别人所说的不论是什么，你都一样盲从附和，这样虽然避免了争论，却把自己变成一个没有主见的应声虫，甚至会令人误会你是个不诚实的大滑头，阻碍了自己职场的发展。请记住：从争论中获胜的唯一秘诀是避免争论。

有错就赶紧站出来承认，少做没用的争辩

认错是一种胸怀！

有人说，认错会让人觉得没有骨气。其实，恰恰相反，勇于认错正是一种敢于担当的体现。

人非圣贤，孰能无过。一个虚怀若谷的人，应该能闻过则喜，认错改错。“人谁无过，过而能改，善莫大焉”。孟子还要“每日三省乎己”，我们怎能无过，为什么不能勇于认错而知错就改呢？

用争斗的方法，你绝不会得到满意的结果。但用让步的方法，收获会比预期的高出很多。承认错误是一个人最大的力量源泉，你会得到错误以外的东西。

如果确信自己是对的，那就试着以最委婉的方式去说服他人。如果自己是错的，只要能勇于认错，不但不会遭外界批评，反而还会受到原谅，甚至尊敬。如果一味地争辩，只会使事情变得更糟。

天底下，任何一个傻瓜都能找出自己的错误，但却只有最聪明的人，才勇于认错。遇到有承认自己错误的机会，一定要努力抓住，这样一种回到真理和理性的精神，比力求不犯错误还要光荣。

南北战争期间有一个李将军，他就是一个勇于认错的聪明人，他甚至公开表示盖兹堡战役之所以失败，全是他的错误所造成的。

毕克德是李将军的部下，长发披肩，差不多每天都在战场写情书。在那悲剧性的七月午后，当他的军帽斜戴在右耳上方，轻盈地放马冲刺北军时，他那群效忠的部队不禁为他喝彩起来。他们喝彩着，跟随他向前冲刺。

毕克德的队伍轻松地向前冲锋，穿过果园和玉米田，踏过草地，翻过山丘。同时，北军大炮一直没有停止向他们轰击。但他们继续挺进，毫不退缩。

忽然，北军步兵从隐伏的墓地山脊后面窜出来，对着毕克德那毫无防备的军队一阵又一阵地开枪。顿时，山间硝烟四起，惨烈犹如屠场。

没用几分钟，毕克德麾下除了旅长一人之外，全体阵亡，五千士兵折损4/5。毕克德统率其余部队拼死冲刺，奔上石墙，把军帽顶在指挥刀上挥舞，高喊："弟兄们，宰了他们！"

他们跳过石墙，用枪把、刺刀拼死肉搏，最终把南军军旗竖立在了墓地山脊的北方阵线上。可是，军旗只在那儿飘扬了一会儿。

毕克德的冲刺——勇猛、光荣，却是结束的开始。李将军失败了！李将军大感懊丧，震惊不已，他将辞呈送交南方的戴维斯总统，请求改派"一个更年轻有为之士"。

如果李将军要把毕克德的进攻所造成的惨败归咎于任何人的话，他能够找出数十个借口：有些师长失职、骑兵到得太晚不能接应步兵……但是，李将军太高明，他不愿意责怪别人。当残兵从前线退回南方战线时，李将军亲自出迎，自我谴责起来："这是我的过失！"他承认说："因我一个人，败了这场战斗。"

历史上很少有将军有如此勇气和情操，自己独负战争失败的责任。

艾尔柏·贺柏特是一位有名的作家，他那支如椽之笔，振奋过不少读者的心志、豪情。然而，却也因为他的文风具有震撼力、笔触强烈，使他遭到不少外界的批评，但他却拥有一种化敌为友的超然技巧。例如，读者写信提出批评或是反对意见时，他就会回答说："经过再三的反省、咀嚼，我发现我的论点并不是完全正确。昨日之是，很可能变成今日之非，很感谢你来函赐教，阁下高见，我非常之钦佩，如有机会，诚望能与阁下亲自讨教，谢谢！"

勇于认错，看起来是一道简单的命题，但在现实生活中，却是一件不容易做到的事情。认错，就意味着要对所犯的错误负责，要承担错误所引发的一切后果，承认错误，就会给自己精神、物质等方面带来损失。

在当今一些所谓讲究实际、过度看重物质利益的人中，认错成了他们习以为常加以回避的事，他们把眼光始终盯在自己一时的小利上，面对错误，总没有承认的勇气，更没有改正的决心。

其实，当你有错时，你认与不认，明眼人都看得见、辨得明，该担的责任和后果，你终究逃避不掉。关键是，错误当前，要看你是勇敢承担主动改正，还是拒不认账最终受到被动追究，两种不同的方式，反映了两种不同的处世态度，也会带来两种不同的前途。

在职场中，我们常常可以看到这样的画面：某个办公室职员正耷拉着脑袋，战战兢兢地站在顶头上司的面前接受严厉的批评，这位上司恨铁不成钢的训斥看起来是那么的可怕。作为下属的员工只有默默地承受这一切，无言以对。

工作中员工受到上司批评总是在所难免，但不同员工对待上司批评的态度却大不相同。那么如果是你，你会怎样看待上司对你的批评呢？

正确的做法是，当我们看到上司那紧蹙的眉头、冒火的眼睛正盯着自己的时候，应该是主动地送上门。你可以选择到上司的独立办公室或者会议室接受他的召见，这样可以避免被其他同事当面看到你被批评的尴尬。如果非得上司当众点你的名并大声地指出你的错误，那么将大大影响你本人在整个办公室的威信。

如果生气的上司看到你先知先觉地主动承认错误，往往气会消了一大半，因为他会觉得你是个可造之材，起码在他的眼里你是知错想改的人。这样他在开口批评你时才会留有三分余地。很多员工最致命的一点就是，不管是否自己做错，总会在上司开口前辩解一番，其实这只能起到反面的效果。

少说点话，多听听别人说话

善于倾听，才最有价值，是成熟的人应具备的基本素质。

英国联合航空公司总裁费．L斯诺归纳类似的现象说，人有两只耳朵却只有一张嘴巴，这意味着人应多听少讲。这就是“费斯诺定理”。

一般人在交谈中，倾向于以自己的意见、观点、感情来影响别人，因而往往谈个不停，似乎非如此无法达到交谈的目的。实际上，要想说服别人，光做一个好的演说者不一定成功，还须做一个好的听众。只有善于聆听的人，才能够留给别人懂礼貌的良好印象。这样才能说服别人。

外国曾有谚语说“用十秒钟的时间讲，用十分钟的时间听”。而在人们面对面的交谈中，讲与听是对立统一的，认真地去听，可以收到良好的谈话效果。

因为听，同样可以满足对方的需要。认真聆听对方的谈话，是对讲话者的一种尊重，在一定程度上可以满足对方的需要，同时可以使人们的交往、交谈更有效，彼此之间的关系更融洽。

一天，丹尼尔请了自己的朋友——一对美国夫妇、一位德国记者、一位中国朋友和一位波兰女士在家共进晚餐。在人们互相介绍、寒暄之后，大家基本上都了解了对方的姓名和工作性质。

当晚餐开始时，在餐桌上波兰女士又开始逐个问及客人们的情况：“对不起，你刚才说你是做什么工作的？”在座的人又一次重新介绍自己，她时不时地在别人还未讲完话时就插话：“噢！这让我想起了……”然后，不经思索、喋喋不休地道出一段毫不相干的故事。礼貌的客人们耐心地听她无穷无尽的乏味故事。善于控制局面的丹尼尔不时地找借口接过话题，以便使别人有讲话的机会。

丹尼尔问美国朋友："艾丽，听说你最近组织了一个慈善活动，为非洲儿童捐款。怎么样了？"

"噢，可怜的非洲儿童，他们生活在不可想象的条件下……"波兰女士未等艾丽回答，又接上了话题。

"请喝酒，"丹尼尔又礼貌地找借口截住了她可能会无休止进行下去的话题，"克里斯多夫，你太太在柏林怎么样？"丹尼尔问德国记者。

"她快生产了。"德国记者回答。

"噢，上帝呀，她一定要小心难产，当年我生宝宝的时候，发生了难产……"波兰女士又一次接过了话题。

这一次，她飞快地讲着，再也没有留给丹尼尔可以插话的机会。客人们吃着美味的晚餐，听着血淋淋的难产故事。很快，美国夫妇和中国朋友找借口帮助清理餐桌，躲进了厨房不再出来，只留下可怜的德国记者在全神贯注地分享她遭遇劫难的故事。

事后，丹尼尔说："我非常抱歉，今天晚上的谈话失去了控制。"

美国夫妇说："一个让人难以忘却的女人。"

从此，这个波兰女士再没有出现在丹尼尔的家庭晚宴上。

在我们的身边，不难发现有像这位波兰女士这样热衷于抒发自己、不在乎别人耳朵的承受力的人。他们的舌头就如同一个上了发条的永动机，滔滔不绝地排泄头脑中的词汇，他们毫不注意观察别人的反应，不停顿、不间断地讲话，不留给别人插话和问话的机会。

能够耐心地倾听对方的谈话，等于告诉对方"你是一个值得我倾听你讲话的人"，这样在无形中就能提高对方的自尊心，加深彼此的感情。反之，对方还没有把将要说的话说完，你就听不下去了，这最容易使对方自尊心受挫。

与此同时，听还可以了解对方（现在讲话者）是否真正理解你（刚才讲话者）说话的含义。听，可以获得必要的信息。注意聆听别人的讲话，从他说话的内容、声调、神态中，可以了解对方的需要、态度、期望和性格，他们会自然地向你靠近，这样你就可以与很多人进行思想交流，建立较广泛的人际关系。

注意倾听别人讲话，还可以同时思考自己所要说的话，整理自己的思想，寻找恰当的词句，以完善地表达自己的意见，给人鲜明的印象。因此，从某种意义上说，在社交场合受大家欢迎的人，人人都爱与之交谈的人，并不仅仅在于他能说会道，而重要的是他会听。因为交谈中只有既讲又听才可以满足双方的需要，也只有如此，才能使交谈顺利进行。如果只顾自己讲，不想听对方说，则一定是交谈中的“自私者”，当然会被人拒之门外。

看清场合再张嘴说话

俗话说："到什么山，唱什么歌。"谈话要顾及场合，同样一句话，在私下里能说，在公开场合就不一定能说。否则，不顾场合乱说话，难免使双方出现不应有的"摩擦"，甚至导致行驶中的恋爱之舟抛锚、搁浅。

我们必须牢记"说话莫忘看场合"，该反说时就反说。因为，心理学告诉我们，在不同的场合中，人们对他人的话语有不同的感受、理解，并表现出不同的心理承受能力。正因为受特定场合心理的制约，有些话在某些特定环境中说比较好，但在另外的场合中说未必佳；同样的一句话，在这里说和在那里说效果就不一样，说什么，怎么说，一定要顾及说话环境，才能取得良好的说话效果。

不管一个人是多么的会说话，还必须注意说话场合，一个会分场合说话的人，是非常受欢迎的人。

一位毕业于某高等院校中文系、勤勤恳恳工作了几十年的老教师退休了。为此，学校为他和另一位曾多次荣获过"先进"的退休老同志一并举行了欢送会。

与会同志和领导对他们的工作和为人进行了热情洋溢而又非常得体的肯定和赞扬，相比之下，对那位曾多次荣获过"先进"的老同志的赞誉则更多一些。

当轮到两位受欢迎的退休老同志致答辞的时候，他们对大家的赞誉作了深情的感谢。一时间，会场里充满了一种令人动情的温馨气氛。

这时候，那位老教师却作了一个颇为欠缺的联想和发挥："说到先进，十分遗憾，我从来也没有得过一次……"

这时，坐在他对面的、平日与他相处得不太融洽的一位青年教师突然抢了话头："不，那是我们不好，不是你不配当先进，是怪我们未曾提你的名。"一时间，会场中出现了一种尴尬气氛。

领导见形势有些不妙，马上把话茬给接了过来。其实，这时候，本来应该缓和一下气氛，避开让大家敏感的"先进"这个话题，转而谈论其他的话题。但是，他却反反复复地劝慰那位退休老教师："对'先进'的问题，你也不要太在意的，没有评过先进，并不等于不够先进，先进不仅在名义，更要看事实……"

这一席话，等于是把本应避而不谈的话题作了重复和引申，使本已尴尬的局面显得更加尴尬了。

这是一个时刻都有可能发生在我们身边的事情。我们不妨把它叫做一个"不会说话的故事"。总之，唯有巧妙地利用语境，做到情境相宜，才能攻破人们的心理防线。

肖利在一家日本公司已经工作多年，一次，他想请一天假。于是，就走进了部长的办公室，说："我想请一天假，是否可以？"

部长问他原因，他说："有人约我郊游钓鱼。"

其实部长也是个钓鱼迷，但他还是很恼火地板着脸说："为什么非要明天，星期天不行吗？"

肖利解释说："是女友约我出去钓鱼，我女友星期天不休息。"

最后，部长只好勉强答应他的申请，但是从此对他产生了工作不认真负责的成见。

公司的另一名同事小李吸取了肖利的教训，有一次，也想请假和女友去滑雪，他没有在办公室和部长请假，而是在中午吃饭时的轻松氛围内，跟部长请假，于是部长笑眯眯地同意了他的申请，还认为他很有生活情趣。

由此可见，一个人所谈的话题，必须跟所处的场合协调，这也是成功说服的重要因素之一。

偶尔也要不好好聊天，正话反说

话语可以拨动人们的心弦，有时是正拨，有时是反拨。在一定的语言环境里，反拨往往能表达出的强烈感情，甚至比正面的话显得更有分量，还能表现出一种滑稽风趣的特色，得到“四两拨千斤”的效应。“正话反说”可以在幽默诙谐中表现自己的观点。

有一则宣传戒烟的公益广告是这样说的：吸烟有四大好处：一省布料，因为吸烟易患肺痨，导致驼背，身体萎缩。二可防贼：抽烟的人常患气管炎，通宵咳嗽不止，贼以为主人未睡，便不敢行窃。三可防蚊：浓烈的烟雾熏得蚊子受不了，只得远远地避开。四永葆青春：不等年老便可去世。

在轻松一笑中，就可以让消费者明白吸烟的种种害处。无独有偶。

有一次，丘吉尔为了赶时间，超速开车，被一名年轻警员逮住了。

丘吉尔说：“我是丘吉尔首相。”

“胡说，你一定是冒牌货！”警官斥责道。

丘吉尔改口说：“你猜对了！我就是冒牌货！”

警官一愣，随即放丘吉尔赶路了。

丘吉尔直话直说反而被怀疑，他就换灵机一动，正话反说，结果让警官摸不清虚实，只好“宁可信其有，不可信其无”了。

正话反说，在修辞学上叫做反语，就是人们通常说的反话。反话，是使用和本意相反的语句来表达本意。用正面的话表达反面的意思，或用反面的话表达正面的意思。当我们遇到一些不愉快的事情时，用正话反说的方法可能会收到更好的效果。

一次，晋平公射下了一只雀，可是没有射死。他叫小内侍襄去捕捉，却没有捉到。晋平公非常生气，便将襄关押了起来，还扬言要杀了他。

叔向听说了这件事，连夜进宫去见晋平公，晋平公把这件事告诉了他。叔向说："大王你一定要把他杀掉？从前，我们的先君唐叔在树林射猎兕牛，一箭就射死了，用它的皮做成一副大铠甲，因为才艺出众被封为晋君。现在，您继承了我们先君唐叔当国君，连只小麻雀都射不死，真是国君的耻辱啊！您一定要赶快杀了他，免得这件事传到远方去。"

晋平公听了很不好意思，于是，便命人立即把小内侍襄放了。

叔向正话反说，用晋的先祖唐叔勇射兕牛而封晋君的故事，巧妙地对比出晋平公射雀不死还要杀人的无能，使晋平公悟出了其中的味道，幡然改过。

有一次，汉武帝刘彻的乳母在宫外犯了罪，被官府抓了起来，并禀告汉武帝。汉武帝心中十分为难，毕竟是自己的乳母，滴水之恩当涌泉相报，何况自己是她用乳汁养大的。但是，天子犯法与庶民同罪，如果不处置她，有失自己天子的尊严。思来想去，汉武帝决定以大局为重，依法处置自己的乳母。

乳母深知汉武帝的为人，知道自己凶多吉少，便想起了能言善辩的东方朔，请求东方朔帮自己一把。对于她的请求，东方朔也颇感为难，他想了想说："办法也有，但必须靠你自己。"

乳母急切地问："什么办法？"

东方朔说："你只要在被抓走的时候，不断地回头注视皇帝就可以了。但千万不要说话，也许还有一线希望。"

乳母虽然不理解其中的玄机，但还是点了点头。

当汉武帝传讯这位乳母时，她有意走到汉武帝面前向他辞行，用哀怨的眼神注视着武帝，几次欲言又止。

汉武帝看着她，心里很不是滋味，有心想赦免她，又苦于君无戏言，无法反悔。东方朔将这一切看在眼中，知道时机成熟了，便走过去，对那位乳母说："你也太痴心了，如今皇上早已长大成人，哪里还会再靠你的乳汁活命呢？你不要再看了，赶紧走吧。"

汉武帝听出了东方朔的话外之音，又想起了小时候乳母对自己的百般疼爱，终于不忍心看乳母被处以刑罚，所以法外开恩，将她赦免了。

东方朔的正话反说终于救了乳母。

"三十六计"中有一计叫"声东击西"，而"正话反说"可谓深得个中精髓。"正话反说"，就是在口语交际中故意从反面入题，含蓄地表达自己的见解。在交谈中，我们有一些话难以启齿或不便直说，这时如果巧妙地加以"反说"，既可以化解彼此的尴尬，又便于听者接受我们的看法。

楚庄王最心爱的马死了，准备用大夫的礼仪埋葬它。群臣纷纷上书劝阻，楚庄王十分反感，说："谁再进谏，格杀勿论！"

这时，优孟失声痛哭起来："这是大王心爱的宝马啊！我们楚国是堂堂的大国，只用大夫的礼仪来埋葬它怎么行呢？应该用君王的礼仪厚葬才对呀！"

在进一步渲染如何举行隆重的葬礼后，优孟才淡淡地指出："这样一来，诸侯就知道大王轻视人而看重马了！"

楚庄王恍然大悟，叹息说："我的过错竟然这样严重吗？那该怎么办呢？"于是，优孟胸有成竹地提出建议，让楚庄王把这匹马送到厨房烹煮了。

正话反说最显著的特点就是表面意思与本来意图恰好相反，让听者自觉去领悟，从而接受你的意见。优孟运用楚庄王"贵马"的精神烘托他"轻人"的举动，收到了意想不到的进谏效果。

对那些从事特殊工作的人们，在说话时更要看清对象，学会正话反说。反之，会给人带来不幸。

“调查”对方的喜好

每个人心中都有自己的时尚。现代白领崇尚简单、自然的生活方式，为了便于从容地驾驭工作与生活中的每个环节，他们会摆脱掉各种繁文缛节。如果能够用好自己手中的时尚牌，就能主动打开对方的话题，实现成功交流，这时候，说服成功也就不远了。

尚小兵刚进美康公司，总想着能从一个新的环境中尽快地学到更多的东西，因为在这个陌生的氛围中有太多的问号。想来想去，尚小兵认为要想把工作做好，最重要的莫过于两个字——沟通！与家长的咨询沟通，与同事的教学沟通，与外教老师的文化沟通。

尤其是与外教老师的沟通，对他这个英语基础不太好的人来说真是好比武大郎打篮球——太难。他们的外教老师来自异国他乡，与他们有着不同的肤色、不同的语言、不同的文化背景，甚至不同的教学理念，有着太多的不同。

要想使他们的工作合作的既愉快又顺畅，那就得从这些不同中找到相同点，所以说还是需要沟通。经过一段时间的相处，尚小兵发现他和外教老师有着一个共同的爱好：打篮球。

众所周知，篮球的发源地在美国，而他们的外教老师都来自美国和加拿大，他们和尚小兵一样都有着自己喜爱的NBA球队和崇拜的球星，同样也都喜欢在休息时间打打篮球。于是，尚小兵下决心要与他们比划比划。

在一个阳光明媚的下午，他们相约来到体育馆，大家一边热身一边聊天。那个下午在大家的欢笑声中很快就过去了，虽然时间短暂，但尚小兵受益匪浅。

就这样，尚小兵与外教老师们每周一次的篮球时间成为他们的沟通平台。而在学校偶遇，他们也会时常讨论最近哪支NBA球队战绩不错，哪位球星最近竞技状态如何，同样外教老师也会给他一些提高英语学习的建议。

虽然他们在一起多数是在讨论玩和吃，但有时他们也会认真地交流一些对工作上的看法。毕竟多一分沟通，多一分理解。

对于任何一位推销员来说，要想持续地从客户那里拿到订单，就必须先和客户成为朋友。如何才能跟客户成为好朋友呢？利用时尚牌。

婴儿用品推销员威尔,很想在一家大型商场里举办一次婴儿用品促销活动。然而，他已经提出拜访商场主管八次了，眼看着距离自己预期的活动时间已越来越近，但商场主管还是没有理会自己，并且拒绝见他。

万不得已之下，威尔只能寻求其他的接近商场主管的办法。经过多方打听，威尔得知这位主管是个超级篮球迷，并且还是凯尔特人队的忠实球迷。于是，威尔通过商场主管的秘书，递了一张纸条给主管："下周的比赛，肯定是马刺队大胜凯尔特人队。"

没曾想，五分钟不到，商场主管就让秘书请他进其办公室。威尔一进门，商场主管就对他嚷道："马刺队怎么可能会赢！我认为一定是凯尔特人队大胜马刺队。"

威尔听主管讲完后，才说出自己的见解，并且认为凯尔特人队下周肯定赢不了马刺队。主管听得非常认真，兴致勃勃。这个时候，他们根本就没有谈促销的事情。

在谈了两个多小时之后，威尔才起身告辞，并且拿出了一张门票递给主管说："票就在这里，抽个空，我们一起去看看这场比赛，看谁的预测准确，您意下如何？"

商场主管很高兴地收下了门票，并且还一个劲地坚持自己的判断肯定不会错。

临出门时，手上拿着威尔送的门票的商场主管忽然对威尔说："听说你准备在我的商场里举办婴儿用品促销活动？这样吧，我们一起好好策划策划。弄完了这事以后，我们再一起去看球赛，我要和你亲眼目睹我的凯尔特人队是如何狂胜你的马刺队的！”

很快，这次的婴儿用品促销活动圆满举办。威尔和主管也成了很要好的朋友。

想多拿订单，就必须多花些心思去了解客户的爱好和兴趣。当你在这上面找到了切入点，你就能和客户成为朋友。当你和客户建立起了朋友关系后，你的生意就会很好做，订单就会很好拿。

◎ 第十二章

说话不仅要动口，还要动全身

——身体语言说服法

身体语言是由人的四肢运动引起的，可以传递出许多的信息。比如，目光接触，表示愿意与人进行沟通；小心地坐在椅子边上，表示有点焦虑和紧张；紧靠坐椅、双臂交叉，表示不愿意再继续讨论下去了；在人群中脚尖朝向谁，往往暗示对谁感兴趣，等等。

搭好衣服，别乱穿衣

服装是一种语言。我们每天都生活在文化符号中，如果你愿意去深想和阐释，都是有一定的意义的。僧侣们之所以会选择穿袈裟，不仅仅是为了突出信仰，最重要的其实是每时每刻对自己宗教身份的一种提醒。

在三百六十行中，真正数得出名来的像样的行业中，几乎都有自己专门的服装。各行各业穿什么样的衣服都是有讲究的。除了行业标志性的服装以外，学生有校服，学生虽然还没有“入行”或拥有某个专业，但他们也愿意标明自己的身份。

正如交通有红绿灯、投降有白旗一样，服装有其明显的符号化功能。军人穿军装并不仅仅是为了打仗。穿军装，穿出飒爽英姿是军人的风范和骄傲。

雄壮之师、威武之师是靠水滴石穿的努力得来的。据说，如果你留心，在北京街头，你还会看到一些值勤者，专门纠察军人的风度仪表。中国军人，这个称号，因此也变得神圣起来了。

在日常生活中，如果抹掉行业标志和富有文化宣言性的部分，大家都穿普通的衣服，结果会怎样呢？

从礼仪的角度看，着装不能简单地等同于穿衣，它是着装人基于自身的阅历修养、审美情趣、身材特点，根据不同的时间、场合、目的，力所能及地对所穿的服装进行精心的选择、搭配和组合。

在各种正式场合，注重个人着装的人能体现仪表美，增加交际魅力，给人留下良好的印象，使人愿意与其深入交往。同时，注意着装也是每个事业成功者的基本素养。

在参加一项活动时，穿什么、怎么穿、在什么情境下穿，会体现出一个人对这个事件的态度，同时也昭示着你的心情、重视程度、赞成还是反对乃至有保留的赞成和有赞成的保留。

服饰是一门艺术，它所传达的情感与信息是独特的。穿着得体、适度的人，能给人留下良好的印象；反之，则会损害自身形象。

镜头一

徐小姐是某星级酒店的公关部经理，有一次代表酒店赴北京参加一个国际研讨会。徐小姐穿了黑色皮裙，被拦在了会场外面。问及原因，原来是她穿的黑色皮裙不庄重，不适合出席这样的场合。

镜头二

王经理约见客户谈生意，对方是位女士，打扮非常入时，紧身衣配短裙，衣服领口开得很低。王经理说："尴尬！不知道该怎么面对她，正视跟不正视都不礼貌。最后，合同也没谈成。"

镜头三

韩小姐和同事坐电梯上楼，忽然进来了一名40多岁的男士，韩小姐的脸一下子红了。原来，那位先生佩带了一条跟她一模一样的丝巾。"男人佩带丝巾，总觉得怪怪的，少了点阳刚之气。"韩小姐说。

镜头四

沈小姐是一名中学老师，每天上班前她都会选择搭配合理、颜色较为柔和的衣服出门。她说："老师是学生的朋友，穿衣服既要符合身份，也要给学生一种亲切感。"

衣着与人们生活、工作的关系很密切，什么样的职业就该穿什么样的衣服。人是文化的动物，创造出了礼仪文化。有时候，吃饭穿衣是一种文化宣言或社会符号性暗示，它里面埋藏了一种文化态度。

服装语言的所指性功能很强，不管是在中国还是在外国，警察下班后大多数都不愿意再穿警服，其原因并不仅仅像工人下班后要脱下工作服那样简单。

您如果留心，连家常小事都这样颇耐琢磨。这就是为什么小学生要戴红领巾，后来上了中学、大学又有了团徽、校徽之类的原因。

除了穿衣，连装饰化妆也可以促成说服的成功。你也许平时没有专门去想，但参加一项活动，你肯定会考虑要准备什么样的行头、怎样设计、怎样着装，用什么品牌的化妆品。大部分人都是凭直觉解决了这些问题。每一个社会人都会经意或不经意地想过这些，而且处理过这类问题，连乡下人走亲戚都不会忽略这些内容。

如果你收到一些比较正规的大型宴会、鸡尾酒会或什么捐款宴会之类的请帖，下面一定会用小字提醒你着装注意事项，比如“黑领结”、“白领结”之类。这些标志着一种礼仪、规格和档次。这些“领结”之类是对男人的提醒，因为男人通常都是粗心的。

对女人有没有要求呢？没有，因为不必。女人心里对着装打扮永远有一杆秤。有不修边幅的男人，天底下很少有不修边幅的女人。

现在，我们有了服装业、化妆品业、美容业。这些也是一门学问，是古老而又历久弥新的学问，跟国计民生息息相关。衣食住行，衣是第一。

人区别于天下动物的标志之一是人有服装。可以说，穿或许支撑着人类为之奋斗的事业的将近一半。那么，该如何着装呢？

整洁：不管是多么新款的时装，如果不够整洁，将会大大影响穿着者的仪容，无论是上班抑或普通上街的便服，均以整齐清洁为原则。

配合身份：与不同身份的人接触，有不同的穿着技巧，既要配合自己的身份，也要配合对方的身份，这样会有助于彼此的沟通。比如，与性格开朗的人接触，宜穿颜色较鲜明的衣服；对方若是较保守严肃的，应穿颜色较低调、款式较保守的服装；与公司职位较高的人会晤，宜穿较老成的服装，表示成熟个性。

配合环境：要懂得在什么场合穿什么服装。日常工作，衣服颜色以清淡为主，款式简单而整齐，给人亲切感。在喜庆场合，尽量挑选一些暖色和靓丽的颜色，不要以黑色为主色。在丧礼上，白和黑均宜，忌用红色。

配合体型：衣不合身会给人留下可笑的印象，每个人都要了解自己体型的优点和缺点，不要强撑。许多偏胖的女性喜穿紧身衣服，以为这样可以显得稍瘦及突出一点身材。事实刚好相反，紧身衣服只会令肥胖的人看起来更胖。

配合年龄：穿衣切忌忽略年龄的配合。

生活中，我们经常会看见一些外表看来已经三十岁的女性，还穿着有蝴蝶结的服装，或者印满俏皮英文字母的T恤等，给人老天真的感觉。相反，一些只有二十出头的女孩，却经常穿黑色为主调的服装，以为带有神秘感，却把青春都掩藏了。这些都是应极力杜绝的。

微笑拯救世界

森林里，新开了两家餐馆，一家的老板是黑熊，另一家的是孔雀。虽然两家店紧挨着，可不知什么原因，客人们都喜欢到黑熊的店里用餐。

面对门可罗雀的饭店，孔雀一筹莫展，只得拜访营销大师狐狸，希望得以改善现状。听完孔雀的述说，狐狸只是说了一句："还没吃饭吧，到黑熊那儿去坐坐。"孔雀满腹疑惑地去了。

刚进店门，憨态可掬的黑熊就迎上前来，虽然动作笨拙，但是让人感觉非常舒服，它笑呵呵地说"欢迎光临！"，并亲自把大厅的门拉开。厅堂里虽然有很多客人，但一切井然有序。

突然，孔雀听到"咣当"一声，循声望去，客人山鸡把餐具摔碎了。这时，餐厅老板黑熊亲自过来处理事宜，它一边让服务员快速收拾摔碎的餐具，一边让餐厅的医务人员为客人包扎，并嘱咐厨房另加一道汤为受伤的客人补充营养。

孔雀看到黑熊在处理这件事上自始至终都没有一丝烦躁与不快，总是面带笑容，态度谦和。

孔雀正看着，一个服务员拿着菜单走过来，面带微笑地说："您好，欢迎光临！您一定是第一次光顾黑熊饭店，有什么服务不周的地方，请您多多指教。"

孔雀很纳闷，问道："客人那么多，你怎么那么肯定我是第一次来你们这儿呢？"

服务员笑着回答："凡是在我们店用过餐的客人在这里都有记录，请您点菜吧！"

这时，孔雀真正明白了客人们都喜欢到黑熊餐厅用餐的原因。

孔雀意识到，商场上的竞争异常残酷，但却存在许多常胜将军，他们的成功依靠的远不是实力，而是隐藏在实力下的魅力，这需要用心去诠释。

微笑是令彼此愉快的面部表情，是直通人心的世界语，是人际交往的润滑剂，是灿烂生活的添加剂。微笑不仅照亮自我，更能温暖他人。微笑是最奇妙的礼物，得到它的人会因此更加富足，给予它的人却不会因此变得贫穷。微笑有着无穷的魅力，虽然只是短短一瞬，却留下永恒的回忆。

一位从事销售行业的单身女子刚刚搬了新家，她发现隔壁住着一个寡妇和两个小孩子，是一户穷人家。

一天晚上，他们居住的那一带忽然停电了，单身女子只好点起了蜡烛。过了一会儿，隔壁邻居的小孩子来敲门，他紧张地问："阿姨，请问您家有蜡烛吗？"

单身女子心想："难道他们家穷到连蜡烛都没有吗？千万别借给他们，免得被他们赖上！"于是，对孩子吼了一声说："没有！"

正当单身女子准备关上门时，那小孩露出关爱的笑容说："我就知道你家一定没有！"说完，竟从怀里拿出两根蜡烛，说："妈妈和我怕你一个人住又没有蜡烛，所以让我带两根来送你。"

单身女子顿时被小孩子的笑容感动了，她深深地体会到了笑容的力量。在后来的工作中，她的脸上也出现了真诚的笑容，而且越来越多，而她的业绩也随之越来越好了。

对于从事服务行业的人来说，微笑是一项投资最少、回报最大的资产。微笑可以缩短人与人之间的距离，化解令人尴尬的僵局，沟通彼此的心灵，使人产生安全感、亲切感以及愉快感。因此，每一位服务人员都要树立微笑意识，将微笑贯穿于接待服务的全过程。就像下面这个故事中的女孩一样。

席琳是个普通的美国女孩，既无背景，也无技术专长。当美国联合航空公司招聘员工的时候，席琳抱着试试看的心态，带着她的微笑走进了面试间。

面试开始了。但是令席琳不明白的是，主考官是背对着她说话的。即便如此，她还是自信、愉快地回答了所有提问。

最后，主考官转过身对她解释说，她所要从事的工作需要借助电话来完成，包括订票、取消、更换或确定航班等事宜。他之所以背对着她，不是因为无视她的存在，而是为了清楚地知道她的声音里是否加进了微笑。

当然，席琳很顺利地通过面试被录用了。从这以后，席琳在自己的岗位上通过电话让顾客们感觉到她的微笑一直伴随着他们，让他们有如沐春风的感觉。

英国诗人雪莱说："微笑，实在是仁爱的象征，快乐的源泉，亲近别人的媒介。有了笑，人类的感情就得以沟通。"保持微笑的人，走到哪里都会受到欢迎，谁都喜欢同其打交道。

这是因为，当你向别人微笑时，实际上就是以巧妙、含蓄的方式告诉他，你喜欢他，你尊重他，他是一个受欢迎的人。这样你在给予别人温暖与鼓励的同时，也就容易博得别人的尊重与喜爱。

有人说，生活就像一面镜子，当你对它展颜欢笑时，它所回报给你的，一定也是醉人的笑容。微笑可以反映出一个人内心的喜悦情绪和状态。

眼睛水灵一点，闪闪会说话

在人的各种感觉器官获得的信息中，眼睛要占80%以上。它犹如一面聚焦镜，凝聚着一个人的神韵气质。一个人内心的隐秘、胸中的奔突，总是自觉不自觉地会在不断变幻的眼神中流露出来。

列宁在演讲时，总会睁开那双锐利的眼睛，这让他的演讲显得热烈、清新，仿佛有一种不可战胜的力量从他的眼睛中喷射而出。一个成功的演讲者一定要用眼睛“说话”，充分发挥各种目光的作用。

俗话说：“眼睛是心灵的窗口。”当学生言行有误时，老师能多看一眼，少点训斥，依旧给予信任，与学生进行心与心的交流，我相信，但凡懂事的孩子都会永远铭记在心的。

李敏是一名优秀教师，对待犯了错误的学生，她就一直盯着他的眼睛，看得他自觉地低下头，甚至看得他掉泪。德高望重的李敏从不打骂学生，学生们却个个服服帖帖。这主要在于她掌握了用眼睛说话的本领。

一年，李敏接了一个二年级的班。原来的班主任告诉她说：“刘汉强上课最不专心，经常开小差，得好好看着，对他严一点。”

通过与他谈心，李敏了解到了关于刘汉强的一些情况：父母离异，爸爸脾气暴躁，新妈妈忙于照顾小弟弟，家里人对他不闻不问。李敏意识到，这个性格孤僻的孩子需要的不是严厉，而是关怀！

于是，每次进教室，李敏总是先看他一眼，向他投去暖暖的爱意。课堂上，一发现他的思想开小差，李敏的视线便会捕捉他那失神的眼睛，她的眼睛告诉他：你是老师所喜欢和关心的！每当这时，他立刻明白了一切，马上坐得端端正正专心听讲。

渐渐地，那双失神的眼睛变得目光炯炯了，那双摆弄玩具的小手终于规规矩矩地停下来了。

自始至终，李敏没有对他说一句批评的话。但是，却用眼睛无声地向他传递了自己对学生的关爱和理解。

用眼睛说话，不仅可以少费许多口舌，还会让学生感觉老师是善解人意的，和他是默契的，对他是理解和尊重的。教师的一个宽容的眼神，保护的是学生珍贵的自尊心，特别是那些自卑，甚至自弃学生的自尊。

当然，尊重不等于不严格要求学生。尊重学生与严格要求学生实际上是统一的。正如苏联教育家马卡连柯所说的那样："在我们的尊重里，同时也表示我们对个人的要求。"用信任和尊重传递出的期望和要求，远比任何说教批评都更有效果，更持久，更能激发学生的主观能动性。

眼睛是人类感观系统中最重要的器官，它可以辨别不同的颜色和光线，还可以将这些视觉形象转变为神经信号传递给大脑，从而产生一系列的生理和心理反应。科学家经过各项研究发现，人脑中大约有 80% 的知识和记忆都是通过眼睛获取的。由此可见眼睛对于一个人的重要性。

眼睛，能折射出色彩，能折射出人情的冷暖，能去发现未知的事物，俗话说"眼睛是心灵的窗户"，这充分显示出眼睛在心理学中起到的重要作用。

父母在怀疑孩子说谎时，总会说"看着我的眼睛"，以此来辨别孩子是否真的说了谎；老师在监考时，会通过观察考生的眼神来判断他是不是想投机取巧，做点小动作；销售员在推荐商品时，会仔细研究顾客的眼神，以此来判断他们的消费心理……以上的事例在生活中比比皆是，那么眼睛为什么能反映出一个人的内心世界呢？

视线是条看不见摸不到的线，在与人交谈时，要注意对方是否在看着自己，亦即有无视线接触，这说明对方是否对自己有好感或兴趣等。如果对方完全不看自己，便是对自己不感兴趣或无亲近感。

当我们在等公共汽车，或站在影剧院卖票口排队买票时，一般都用自己的后背朝向别人，这种表现是人们司空见惯的。这样做，不仅是为了观察是否轮到自己了，也是为了避免与不相识的人视线相交而尴尬。但也有面对面站着的，这些人多为朋友、夫妻、亲人、恋人等。彼此视线相交之际，即表示为有意进行心理沟通。

人的视线活动方式，也能够反映人的心态。一般来说，人们都会认为那些目不转睛地注视着谈话者的人态度较为诚恳。这样，可以从注视中，透视对方的心理动向。

当你与一个人在初次见面时，简单地自我介绍以及四目相对后，如果是对方先移开视线，那么说明这个人的性格比较主动。这样的方法同样适用于谈判中的眼神攻略，在谈判开始时，只要给有经验的谈判专家一分钟，他就会根据对方的眼神来判断对方是否能占上风，以此来调整自己的状态。

许多谈判专家认为，当两人视线接触时，先移开目光的人，往往就是胜利者。相反，因对方移开视线而耿耿于怀的人，就可能胡思乱想，以为对方嫌弃自己，或与自己谈不来，因此，在无形中对对方的视线有了介意，而完全受对方的牵制了。

正因为如此，如果一个人在与你初次交谈时，视线不集中，那么他可能是一个挑战型的交谈者，遇到这类人应特别小心应付。

不过，同样是撇开视线的行为，如果是在受人注意时才移开视线，那又另当别论了。一般而言，当我们心中有愧疚，或有所隐瞒时，就会发生这种现象。

有一位外国建筑师，他曾经画过一幅眼部特写的抽象画。为了减少偷窃行为，建筑师将它镶在透明板上，然后悬挂在几家商店前。果然，这几家商店在悬挂这幅画的期间，店内失窃率大大减少了。

对一般人来说，这仅仅是一幅画而并不是真正的眼睛，但对那些做贼心虚的人来说，却构成了一种心理暗示，总觉得有人在看自己，所以极力想避开该视线，以免有被盯梢的感觉。在这种眼神的作用下，小偷便不敢进入悬挂这幅画的商店内，即使走进商店里，也不敢行窃了。

哭吧，哭吧，眼泪可以化百炼钢为绕指柔

生活中，人们只要一谈到女人，就会毫不费力地想到眼泪，似乎女人就是眼泪的代名词；抑或是人们都会直观地认为：女人的天性就是爱流泪的。真是这样吗？

情景一

程芳菲非常想任所在公司人事部的副经理职位，在听到要开始竞聘这个职位的风声之后，她便找到老板哭诉了一番。几个月之后，任命下来，程芳菲如愿以偿。

情景二

有一位职能部门的女处长，能力低微，因为她的无能，已经使诸多业务事项无法开展，相传领导层四次都想让她离开这个部门。可是，每次听到要调整的风声，这位女处长就会到领导那里哭诉，因而安然无恙。

情景三

一天，公司开始启动人事改革，方法大致是部门间对调。一位行政部职员听说后，来到了老板的办公室哭泣。几个月之后，连人事部门这样的重要部门的领导都进行了替换，唯有这个女职员岿然不动。

以上的女士们去老板那里哭诉的内容，我们不得而知，也无法推测，但是其哭后的效果显著且极有效力。

常言道，喜怒哀乐，人之常情。即便是一个性格刚强的人，也难免会有痛哭流涕，或者潸然泪下的时候。而且，人们不仅悲哀时会流泪，高兴时、激动

时也会流泪。要探究流泪的具体原因，或者是“英雄有泪不轻弹”，或者是“花前泪下，月下伤情”，人与人之间的差异是极大的。

陈刚是个年轻人，在一个班上当老师，班上的男生都不怕他。班主任每次遇到陈刚，都会谦恭地叫声陈老师好，而后关照他：班上有谁不听话，你告诉我就行了。

他每次都摇头，笑着说：“孩子们听话着呢。”这话被学生听到，到班上学说，引起一阵哄笑。轮到他上课时，孩子们变得更加有恃无恐了。

一次上陈刚的课，有两个学生，在课堂上斗嘴，斗着斗着，竟动起手来。教室里很快乱成一片。他走过去拉，脸都急红了。混乱中谁听他的?

突然，陈刚挤到两个动手的学生中间，眼泪从镜片后流下来，他说：“你们要打，就打我吧。”所有的喧闹，一下子沉静下来，空气凝固了。那坠于他腮边的泪，一滴一滴，滴在少年的心上。

从此，再没有学生在他的课上调皮捣蛋过。

人在忧伤、悲痛、伤心的时候，会流眼泪；人在高兴的时候也会流眼泪。眼泪似乎成了情绪变化的象征，其实眼泪并不完全表示情绪的变化，有时候，也是说服别人的手段。

当我们眼睛中落入灰尘等异物时，就会产生大量的眼泪，把异物冲出来。眼泪中除大量的水外，还有溶菌酶、乳铁蛋白、β-溶素等，它们具有抑制细菌生长的作用。因此，眼泪还有另外一个非常重要的功能——防卫。

有一个15岁的山区小姑娘，不幸被拐到上海。当天晚上，天下着小雨，小姑娘的房门打开了，一个中年人走了进来。

小姑娘的心跳到了嗓子眼儿。不过，她还是很快地镇静下来，机智地叫了声：“伯伯！”中年人一愣，像是被魔法定住了似的。

小姑娘小心翼翼地说：“我一看伯伯就是好人，看你的年龄，与我爸差不多，可我爸就比你苦多了，他在乡下种田，去年栽秧时，他热得中暑……”说着说着，眼泪就哗哗地流了下来。

中年人的脸涨得通红。短暂的沉默之后，他小声地说了一句："谢谢你，小姑娘。"然后，开门走了。

面对强壮的中年人，为什么不让自己显得更弱小，来激发他的同情心呢？聪明的小姑娘正是这样做的。一句"伯伯"，一下子就拉开了两人之间的年龄距离，让这位中年人不由得想起自己那同样处于花季的儿女。接着，小姑娘又不失时机地流下了眼泪，进一步强化了中年人的同情心理。